ゼロから話せる
フランス語

新装版

川口裕司／クリスティアン・ブティエ／川口恵子

会話
中心

三修社

音声ダウンロード・ストリーミング

①PC・スマートフォンで本書の音声ページにアクセスします。
https://www.sanshusha.co.jp/np/onsei/isbn/9784384060911/

②シリアルコード「06091」を入力。

③音声ダウンロード・ストリーミングをご利用いただけます。

まえがき

「ゼロからフランス語の会話と文法を学ぶ」というコンセプトはそのままに，この度『ゼロから話せるフランス語』が新装版になりました．

外国語はどれも大きな怪物みたいなものです．正面から挑んでもまず勝ち目はありません．少しずつ時間をかけて手なずけていくのがいいと思います．攻略するには次の三つが大切です．

1. 一度にすべてを覚えようとしないこと．

そのうちわかってくるだろう，くらいのつもりでとりかかりましょう．本書では日常的な場面の中で，自分の名前や住んでいるところを述べたり，相手に簡単なことを伝えたりするために必要なフランス語の表現と文法を学びます．

2．発音はことばの顔，きれいでありたい．

気持ちのよい美しい発音は相手を和ませます．発音はとくに最初が肝心です．本書ではフランス語の発音にカタカナ表記をつけましたが，できるだけ早くカタカナ表記を卒業して，生の発音に親しむよう心がけましょう．

3．継続こそ力なり．

この本の目標は，フランス語を使って基本的なコミュニケーションを行うことができるようになることです．出てきた表現を繰り返し練習しましょう．表現が自然に口をついて出るようになったら，もう大丈夫．

この本は三人の共同作業から生まれました．ダイアローグはクリスティアン・ブティエと川口裕司が考えました．このユーロ版では，いくつかの会話の内容を新しくしました．また，ダイアローグの練習だけでなく，文法にも簡単な練習問題をつけました．音声のダイアローグは２回録音されていて，１回目はゆっくりしたスピードで話しています．

最後になりますが，このユーロ版を作成する機会を与えてくれた三修社の澤井啓允さんと菊池暁さんに，また，音声収録に協力してくれたロランス・ニコラさんに，謝辞を表したいと思います．

もくじ

本書の使い方

本書は「覚えるフレーズ」「ダイアローグで学んでみよう」「文法編」「ヴィジュアル フランス語」の四つの部分から構成されています．

覚えるフレーズ

ダイアローグに入るまえに，会話のごく基本的な決まり文句を覚えるために利用してください．これらのフレーズの多くはダイアローグの中にくり返し出てきます．

ダイアローグで学んでみよう

全体は二十のダイアローグで構成されています．なるべく生活に密着した場面を考えてみたつもりです．フランス語では男性と女性の言葉の違いが，日本語のように語尾にはっきり現われることはありません．日本語訳とフランス語の原文を比べてみれば，すぐに両者の違いがわかるはずです．

文法が苦手な方はダイアローグの「解説」を中心に読んでください．会話中に出てくる文法の概略がつかめます．後はダイアローグをそのまま暗記するとよいでしょう．各々のダイアローグには「いろいろな表現」をつけ，たとえば「～をお願いします」のように，日常の状況に即した表現をいくつか挙げました．この表現を覚えることで，ダイアローグで学んだ内容を応用できるようにしました．

ところで，語学学習には時間と集中力が欠かせませんが，それだけでは長続きしません．学習のリズムが何よりも大切なのです．ダイアローグに疲れた時はコラムをご覧ください．またダイアローグが四つ終わるごとに練習問題を設け，学習内容を確認できるようにしました．

文法編

文法編では各ダイアローグに現われる必要最少限の文法を説明してありますので，ダイアローグを学ぶごとに文法編を読んでいくのが効果的でしょう．初級文法の大切な事項はできる限り盛り込もうと思いましたが，紙面の都合もあり，動詞の活用と時制，不規則な形容詞や代名詞等はごく簡潔にまとめました．動詞の活用形は＜の記号で不定詞がわかるようにしました（例：**ont** ＜動詞 **avoir**）．文法事項の説明は文法編だけではなく，ダイアローグとその解説，および「いろいろな表現」の中にあります．このため少し読みづらいかもしれませんが，→の記号を使って参照箇所を明記しました．また，確認のための簡単な練習問題を設けてあります。

ヴィジュアル フランス語

イラストを通して基本的な単語を覚えることがヴィジュアル フランス語の目的なのですが，学んだ単語をなるべく現実の状況の中で使えるようにするため，ダイアローグを基にして関連する語を選んでみました．

巻末には三種類の索引を用意して，学習者が問題になっている事項に最短距離で行き着けるように工夫しました．最初の索引は，ダイアローグに出てきた単語をアルファベット順に並べたものです．二番目の索引はさまざまな状況表現を集めたものです．最後に本書で扱った文法事項を索引にしました．目的に合わせて活用してください．

Track 01

アルファベット（アルファベ）

A	a	[ア]	B	b	[べ]	C	c	[セ]
D	d	[デ]	E	e	[ウ]	F	f	[エフ]
G	g	[ジェ]	H	h	[アシュ]	I	i	[イ]
J	j	[ジ]	K	k	[カ]	L	l	[エル]
M	m	[エム]	N	n	[エヌ]	O	o	[オ]
P	p	[ペ]	Q	q	[キュ]	R	r	[エーる]
S	s	[エス]	T	t	[テ]	U	u	[ユ]
V	v	[ヴェ]	W	w	[ドゥブルヴェ]			
X	x	[イクス]	Y	y	[イグれック]	Z	z	[ゼッド]

綴り字記号

´	アクサン テギュ	: été
`	アクサン グらーヴ	: mère
^	アクサン スィるコンフレクス	: château
¨	トれマ	: Noël
ç	セディーユ	: français
’	アポストろフ	: j’ai
-	トれ デュニオン	: dix-neuf

発音

発音は外国語学習者の顔です．できればさっぱりと美しい素顔でありたいもの．学習者がフランス語をより身近に感じられることを期待し，本書ではカタカナによる読み方を記してあります．また思いきって，できるだけ日本語流の発音を活用することにしました．しかし，カタカナ表記や日本語流の発音は，まさしくサバイバル発音ですので，より正確な発音を身につけようと思われる方は本書の音声を聞くことをお勧めします．以下にフランス語の発音と綴り字について，最も重要な事項だけを説明します．

Track 02

1. 口母音

発音	綴り	例	日本語の発音を利用して
[ɛ]	ai, ei	**semaine** [スメーヌ]	広い「エ」の音
[y]	u	**tu** [テュ]	「ウ」の構えで「イ」を発音
[wa]	oi	**toi** [トワ]	「ワ」の音
[u]	ou	**tout** [トゥ]	唇を突き出す狭い「ウ」の音
[o]	au, eau	**chaud** [ショ]	狭い「オ」の音
		beau [ボ]	
[ø, œ]	eu	**deux** [ドゥ]	唇を丸め，少し開いて「ウ」
		neuf [ヌゥフ]	を発音

（[ø] と [œ] は音色が似ている）

【綴り字 e の読み方】

単語の最後や音節末では読まない場合（**banque** [バンク]）や，弱く [ə]（**ceci** [ススィ]）と発音する場合があります．後に子音文字が二つ続けば [ɛ] になります（**baguette** [バゲット]）．

Track 03

2. 鼻母音

母音の後に「ン」を続けた音に似ています．

発音	綴り	例	日本語の発音を利用して
[ɑ̃]	an, am	**dans** [ダン]	「アン」
	en, em	**pendant** [パンダン]	
	（en, an 等は同じ読み方になります）		
[ɛ̃]	in, im	**vin** [ヴァン]	「ア」と「エ」の中間の音を鼻
	ain, aim	**pain** [パン]	から息を抜いて発音（un を [œ̃]
	ein, un	**un** [アン]	と発音する人もいます）
[ɔ̃]	on, om	**pont** [ポン]	
		combien [コンビヤン]	

鼻母音 [ɛ̃] は文中で黒色を使って [アン] のように表記しました．

Track 04

3．半母音

発音	綴り	例	日本語の発音を利用して
[j]	i ＋母音	**piano**［ピャノ］	「イ」を短く発音する
	母音＋ il,	**travail**［トらヴァイ］	
	-ille	**fille**［フィーユ］	
[ɥ]	u ＋母音	**nuit**［ニュイ］	[y] を短く発音する

Track 05

4．子音

フランス語ではhを読みません（**haut**［オ］）.

発音	綴り	例	日本語の発音を利用して
[k^j]	c ＋ a	**café**［キャフェ］	母音aの前で「キャ」に近い音
[k]	c ＋ au, o,	**comme**［コム］	「カ」行音
	u, ou	**cou**［ク］	
	c ＋子音	**clé**［クレ］	
	qu ＋母音	**qui**［キ］	
[g^j]	g ＋ a	**gâteau**［ガト］	母音 a の前で「ギャ」のように聞こえることがあります
[g]	g ＋ au,	**gauche**［ゴーシュ］	「ガ」行音
	o, ou	**gomme**［ゴム］, **goût**［グ］	
	g ＋子音	**grand**［グらン］	
	gu ＋母音	**bague**［バグ］	
[ʒ]	g ＋ e, eu	**voyageur**［ヴォワヤジュール］	
[s]	c ＋ e, i	**ce**［ス］, **ici**［イスィ］	
[s]	ç ＋ a, ai	**ça**［サ］, **français**［フらンセ］	
	ç ＋ o	**garçon**［ギャるソン］	
[s]	ss	**passé**［パセ］	
[z]	母音＋ s ＋母音	**désolé**［デゾレ］	
[ʃ]	ch	**chat**［シャ］	「シャ」行音
[ɲ]	gn	**bourgogne**［ブるゴーニュ］	「ニャ」行音

【r 音について】

本書では l と **r** の区別をするために **r** 音をひらがなで表記しました．**r** 音は「ハ」行音を強く，まるで痰を切るときのように発音します．**r** 音はしばしば子音＋ **r** の連続で現れるため子音連続の発音練習も欠かせません（**trois**［トろワ］，**près**［プれ］，あるいは **pardon**［パるドン］）．また語末では **r** 音が弱化し，微かな摩擦音しか聞こえないことがあります．たとえば **bonjour**［ボンジューる］，**pour**［プーる］が［ボンジュー］，［プー］のように聞こえます．

【語末の子音字の読み方】

一般に **c**，**r**，**f**，**l** を除いて，語末ではリエゾン（→以下参照）する場合を除いて子音字を読みません．**anglais**［アングレ］，**chat**［シャ］に対して **avec**［アヴェック］，**hôtel**［オテル］のようになります．

Track 06

5．アンシェヌマンとリエゾン

意味的につながりの強い語と語は連続して発音されます．そのような場合フランス語では，語末の子音が次の単語の最初の母音と音節を形成します．これをアンシェヌマンと呼びます．

il a［**il a**］→［**i・la**］［イ・ラ］
par ici［**par isi**］→［**pa・ri・si**］［パ・り・スィ］

母音同士が連続するのを避けるために，単独で読むときには発音しなかった語末の子音（**-t**，**-s**，**-n** 等）を読むことがあります．これをリエゾンと言います．リエゾンには必ずしなければならない義務的なリエゾンと，してもしなくてもよい選択的なリエゾンがあります．

dit-on［**di õ**］→［**di・tõ**］［ディ・トン］（**-t** のリエゾン）
vous avez［**vu ave**］→［**vu・za・ve**］［ヴ・ザ・ヴェ］（**-s** のリエゾン）
（**-s-** は母音間で有声音［**z**］になります）
un enfant［**ɛ̃ ãfã**］→［**ɛ̃・nã・fã**］［アン・ナン・ファン］（**-n** のリエゾン）

覚える フレーズ

Track 07

おはよう（こんにちは）

Bonjour !《ボンジューる》

朝から日没までの挨拶です．男性に対しては **Monsieur !**［ムスィユ］，既婚の女性には **Madame**［マダム］，未婚の女性には **Mademoiselle**［マドゥモワゼル］を後につけましょう．

Bonjour Monsieur (Madame, Mademoiselle) !

親しい間では簡単に **Salut !**［サリュ］とだけ言うこともあります．

Track 08

こんばんは

Bonsoir !《ボンソワーる》

日没から夜中まで使えます．夜に別れを告げるときには，**Bonne nuit !**［ボンヌニュイ］「おやすみなさい」と言います．

時の副詞

hier［イエーる］昨日	**aujourd'hui**［オジュるデュイ］今日
demain［ドゥマン］明日	**le matin**［ル マタン］朝
l'après-midi［ラプれミディ］午後	**le soir**［ル ソワーる］夕方・夜
la nuit［ラ ニュイ］夜	

Track 09

さようなら

Au revoir !《オ るヴォワーる》

別れ際の最も一般的な言い方です．**À bientôt !** [ア ビヤント]「また近いうちに」や，**À demain !** [ア ドゥマン]「また明日」，また後で会うときは **À tout à l'heure !** [ア トゥタ ルーる]「また後で」と言います．日中に別れる時は **Bonne journée !** [ボンヌ ジュるネ]，夕方から夜は **Bonne soirée !** [ボンヌ ソワれ] と言えばよいでしょう．親しい間では簡単に **Salut !** [サリュ]「じゃあね」と言うこともあります．

Track 10

ありがとう

Merci !《メるスィ》

Merci beaucoup ! [メるスィ ボク]「どうもありがとうございます」のほうが丁寧です．人に勧められて断るときには **Non, merci !** [ノン メるスィ]「いいえ，結構です」を使います．「どういたしまして」にあたる言い方は，**Je vous en prie !**「ジュ ヴザン プり」，**De rien.** [ドゥ りヤン] 等が一般的です．

Track 11

ごきげんいかがですか？

Comment allez-vous ?《コマンタレヴ》

「元気ですよ, ありがとう」は **Je vais bien, merci.**［ジュ ヴェ ビヤン メるスィ］と言います. 親しい間では **Comment vas-tu ?**［コマン ヴァ テュ］やもっと簡単な **Ça va ?**［サ ヴァ］を使います. さらに **Vous allez bien ?**［ヴザレ ビヤン］「お元気ですか？」や **Tu vas bien ?**［テュ ヴァ ビヤン］「元気かい？」もよく耳にします.

Track 12

はじめまして

Enchanté(e).《アンシャンテ》

話し手が女性の場合は（ ）内の形 **Enchantée** になりますが, 発音は同じです.

初対面の時に使います. これに対しては **Enchanté(e).** と繰り返すか, **Moi aussi.**［モワ オッスィ］「私もです」と答えればよいでしょう.「お会いできてうれしいです」は **Très heureux (heureuse) de vous connaître.**［トれ ズるー(ズ)ドゥヴコネートる］と言います.

Track 13

名前は～といいます.

Je《ジュ》 m'appelle《マペル》 ...

名前の尋ね方と答え方は **Dialogue 3**（**p.24**）で詳しく学びます．外国人の名前は聞き取りにくいもの．私たちも自分の名前はゆっくりはっきりと告げたいものです．それでも聞き取れなければ，**Épelez, s'il vous plaît !**［エプレ スィル ヴ プレ］「綴り字を言ってください」と言いましょう．

Track 14

私は日本人です.

Je《ジュ》 suis《スユイ》 japonais(e)《ジャポネ(ーズ)》.

話し手が女性の場合は（　）内の形 **japonaise** になります．

相手に尋ねる場合は **Vous êtes français(e) ?**［ヴ ゼット フランセ（ーズ）］「あなたはフランス人ですか？」となります．職業や身分を言うときも同じです．**Je suis étudiant(e).**［ジュ スユイ ゼテュディアン（ト）］「私は（女子）学生です」.

Track 15

（男性に）すみませんが

Pardon《パるドン》 Monsieur《ムスィユ》 !

誰かに話しかける時，まず **Pardon ...** と言ってから話しかけましょう．似た表現には **Excusez-moi ...** ［エクスキュゼ モワ］「申し訳ありませんが」があります．これらは謝るときにも使うことができます．**Oh ! Pardon !**「どうもすみません」．相手の言ったことを聞き返すときにも **Pardon ?** が使えます．

Track 16

はい／いいえ

Oui《ウィ》 ! / Non《ノン》 !

「とてもいいですね」と共感する場合は **Très bien.** ［トれ ビヤン］と言ってあげましょう．「そうです」は **C'est ça.** ［セ サ］．「そうじゃないです」と言いたいときは **Non, c'est pas ça.** ［ノン セ パ サ］，相手の言うことを了解したときは，**D'accord.** ［ダコーる］「わかりました」，だめなときは **Pas d'accord.** ［パ ダコーる］と言いましょう．

Track 17

わかりません

Je《ジュ》 (ne)《(ヌ)》 comprends《コンプらン》 pas.《パ》

会話ではしばしば **ne** が脱落します（前ページの **Non, c'est pas ça.** も参照）.「知りません」も **Je (ne) sais pas.** [ジュ (ヌ) セ パ] と発音されます.「わかりますか？」と相手に聞くときは, **Vous comprenez ?** [ヴコンプるネ],「わかりましたか？」は **Vous avez compris ?** [ヴザヴェコンプり] と言います.

Track 18

日本語を話せますか？

Vous《ヴ》 parlez《パるレ》 japonais《ジャポネ》 ?

フランス語だけでうまく用が足せないときには, 相手が日本語（**japonais**）とか英語（**anglais** [アングレ]）を話せるかどうか尋ねてみましょう. **Vous parlez japonais ou anglais ?** [ヴ パるレ ジャポネ ウ アングレ]「日本語か英語を話せますか？」

Track 19

ビールを１杯ください.

Une《ユヌ》 bière《ビエーる》, s'il《スィル》 vous《ヴ》 plaît《プレ》.

レストランやカフェ等での注文はこれで **OK** です．注文の品の後に **s'il vous plaît** をつけるだけです．生ビールなら **Un demi, s'il vous plaît.**［アン ドゥミ スィル ヴ プレ］と注文しましょう．詳しくは **Dialogue 1**（**p.14**）を見てください．

Track 20

コーヒーが１杯欲しいのです.

Je《ジュ》 voudrais《ヴドれ》 un《アン》 café《キャフェ》.

Je voudrais の後に欲しいものを続けます．相手に勧めるときは **Vous voulez un café ?**［ヴ ヴレ アン キャフェ］のようにきいてあげるとよいでしょう．「何を飲みますか？」は **Qu'est-ce que vous buvez ?**［ケ ス ク ヴ ビュヴェ］,「何にしますか？」は **Qu'est-ce que vous prenez ?**［ケ ス ク ヴ プるネ］と聞いてあげましょう．

Track 21

とても美味しいですね.

C'est《セ》 très《トれ》 bon《ボン》 !

très を除いて **C'est bon !** [セ ボン] にすると, 一般に「それでいいです. **OK** です.」という意味にもなります. 料理を褒めるには他に, **J'aime ça.** [ジェーム サ]「私はこれが好きです」や **Excellent.** [エクセラン]「とても美味しい」等もあります. レストランや食事に招かれた時の表現として是非とも覚えておきたいですね.

Track 22

いくらですか?

C'est《セ》 combien《コンビヤン》 ?

Ça coûte combien ? [サ クット コンビヤン] や **Ça fait combien ?** [サ フェ コンビヤン] も値段を尋ねるときに使います(→ **p.52**).「それは値段が高い」は **C'est cher.** [セ シェーる] と言います.

Track 23

これ（それ，あれ）は何ですか？

Qu'est-ce《ケス》 que《ク》 c'est《セ》 ?

どれを指しているのか相手が分からないような時には，物を直接指さして次のように言えばよいでしょう．

Ça《サ》 ! Qu'est-ce《ケス》 que《ク》 c'est《セ》 ? それですよ！ 何ですか？

C'est《セ》 quoi《コワ》, ça《サ》 ? 何ですか，それ？

方角

à l'est	［アレスト］	東に	**à l'ouest**	［アルウェスト］	西に
au sud	［オスュド］	南に	**au nord**	［オノーる］	北に

Track 24

それはいつですか？

C'est《セ》 quand《カン》 ?

こう言って日時を尋ねます．場所を尋ねるには **C'est où ?** ［セウ］「それはどこですか？」が簡単な言い方です．「それは誰ですか？」は **C'est qui ?** ［セキ］,「それは何時ですか？」は **C'est à quelle heure ?** ［セタケルーる］と言います．曜日を尋ねたければ，**C'est quel jour ?** ［セケルジューる］と聞きましょう．

季節

au printemps	［オプらンタン］	春に	**en été**	［アンネテ］	夏に
en automne	［アンノトヌ］	秋に	**en hiver**	［アンニヴェーる］	冬に

Track 25

地下鉄はどこですか？

Où《ウ》 est《エ》 le《ル》 métro《メトろ》 ?

場所を尋ねる表現は **p.20** で学びます. **Où est (sont)** ＋場所は最も簡単な言い方です. **Où est la poste ?** [ウ エ ラ ポスト]「郵便局はどこですか」. カフェでは電話やトイレは地下にあることが多いのですが, 困った時のために **Où sont les toilettes ?** [ウ ソン レ トワレット]「トイレはどこですか？」も覚えておきましょう. 複数形の名詞が後にくると, **Où est** は **Où sont** に変わります.

Track 26

頑張ってください！

Bon《ボン》 courage《クらージュ》 !

様々な場面の決まり文句をいくつか挙げておきます.

Bon appétit《ボナペティ》 !	どうぞ召し上がってください！
Félicitations《フェリスィタスィヨン》 !	おめでとうございます！
Bon anniversaire《ボナニヴェるセーる》 !	誕生日おめでとう！
Joyeux《ジョワユ》 Noël《ノエル》 !	メリー・クリスマス！
Bonne année《ボナネ》 !	明けましておめでとう！

Track 27

入口／出口

ENTRÉE《アントれ》 / SORTIE《ソるティ》

美術館や劇場などでこうした表示を目にするでしょう．ホテルの **SORTIE (ISSUE) DE SECOURS** は「非常口」のことで，**SANS ISSUE** は「行き止まり」，**PERSONNEL (PRIVÉ)** は「従業員専用」の掲示です．地下鉄では「乗り換え」**CORRESPONDANCE** の表示も覚えておきましょう．トイレの表示には **HOMMES**「男性用」と **DAMES**「女性用」，**LIBRE**「開」と **OCCUPÉ**「使用中」があります．

曜日

lundi	［ランディ］	月	**mardi**	［マるディ］	火
mercredi	［メるクるディ］	水	**jeudi**	［ジュディ］	木
vendredi	［ヴァンドるディ］	金	**samedi**	［サムディ］	土
dimanche	［ディマンシュ］	日			

月名

janvier	［ジャンヴィエ］	1月	**février**	［フェヴりエ］	2月
mars	［マるス］	3月	**avril**	［アヴりル］	4月
mai	［メ］	5月	**juin**	［ジュアン］	6月
juillet	［ジュイィェ］	7月	**août**	［ウット］	8月
septembre	［セプタンブる］	9月	**octobre**	［オクトーブる］	10月
novembre	［ノヴァンブる］	11月	**décembre**	［デサンヴる］	12月

「〜月に」という時は前置詞 **en**［アン］を前に置きます．たとえば「10月に」は **en octobre**［アンノクトーブる］になります．

ダイアローグで学んでみよう

Dialogue 1

バゲットを１本ください

Une baguette, s'il vous plaît.

Track 28

M. Sato **Bonjour《ボンジューる》 Madame.《マダム》 Une《ユヌ》 baguette,《バゲット》**
s'il《スィル》 vous《ヴ》 plaît.《プレ》

La boulangère《ラ ブランジェーる》 **Voilà.《ヴォワラ》 Et《エ》 avec《アヴェック》 ça《サ》 ?**

S **Vous avez《ヴザヴェ》 des《デ》 pains《パン》 au《オ》 chocolat《ショコラ》 ?**

B **Oui,《ウィ》 combien《コンビヤン》 ?**

S **Deux.《ドゥ》**

佐藤　こんにちは．バゲットを１本ください．
パン屋　どうぞ．他に何か？
佐藤　パン・オ・ショコラはありますか？
パン屋　はい，いくつですか？
佐藤　二つ．

Une baguette, s'il vous plaît.	バゲットを1本ください

une は「一つの」を意味します．文の最後の s'il vous plaît は英語の *please* にあたります．よく焼けたバゲットが好きな方は，Bien cuite, s'il vous plaît.［ビヤン キュイット スィルヴプレ］と頼めば，黒めでカリカリのを選んでくれるでしょう．

Voilà.	どうぞ

何かを人に渡すときに Voilà「どうぞ」を使います．後に物がくると Voilà un taxi.［ヴォワラ アン タクスィ］「ほらタクシーが1台来た」，人がくると Voilà Paul.［ヴォワラ ポル］「こちらがポールです」のようになります．(→ p.22)．

Et avec ça?	他に何か？

こう言って他に買うものがあるかどうか確かめます (→ p.16)．

Vous avez des pains au chocolat?	パン・オ・ショコラはありますか？

vous avez「あなたは～を持っている」＜動詞 avoir［アヴォワーる］(→ p.110)．des pains の des は「いくつかの」を表します．pains の語尾の -s は複数形を示します．

combien?	いくつですか？

個数を尋ねる時に用います (→ p.16)

いろいろな表現

Track 29

◎他に何か？ Et avec ça ?

Et avec ceci ? [エ アヴェック ススィ]「他に何か？」や C'est tout ? [セ トゥ]「これだけですか？」もよく耳にします．次の言い方もあります．

C'est《セ》 tout《トゥ》 ce《ス》 qu'il《キル》 vous《ヴ》 faut《フォ》 ?

これだけでよろしいですか？

他に要らないときは次のように答えましょう．

C'est《セ》 tout《トゥ》, merci《メるスィ》.　それだけで結構です．

◎～をお願いします

最初に Je voudrais [ジュ ヴドれ]「～が欲しいんです」をつけると少していねいな言い方になります．

Je《ジュ》 voudrais《ヴドれ》 deux《ドゥ》 croissants《クろワサン》, s'il《スィル》 vous《ヴ》 plaît《プレ》.

クロワッサン二つお願いします．

◎いくつですか Combien ?

少々難しい言い方ですが，次の表現もよく耳にします

.

Je《ジュ》 vous《ヴ》 en《ザン》 mets《メ》 combien《コンビヤン》 ?　いくつ入れましょうか？

Vous《ヴ》 en《ザン》 voulez《ヴレ》 combien《コンビヤン》 ?　いくつになさいますか？

combien は値段を尋ねる時にも使えます．C'est combien ? [セ コンビヤン]「いくらですか？」(→ p.50).

フランス映画の東洋趣味

1895 年 12 月 28 日，パリ，キャプシーヌ大通り 14 のグラン・カフェ地下，「インドの間《サロン・アンディアン》」でリュミエール兄弟のシネマトグラフが世界で初めて有料公開され，映画史は幕を明けた．最初の興行場所が東洋趣味に彩られた名前を持っていたことは，その後のフランス映画のある種の方向性を予兆していた．

世界第二の植民地帝国であったフランスは，やがて植民地を舞台にエキゾチシズム溢れる物語映画を作り始め，それらはフランス映画史において植民地映画《シネマコロニアル》と呼ばれるジャンルを形成したからである。1962 年のアルジェリア独立後は，ポスト植民地映画と呼ばれるジャンルの時代となる。中でも特筆すべきは，仏領時代のベトナムを舞台にした『インドシナ』*Indochine*（1992）である。脱植民地運動を背景に，カトリーヌ・ドゥヌーヴ演じる植民地生まれの大農園主の視点から，帝国の崩壊とベトナムの独立が語られる。ハイヒールの踵《かかと》が片方折れ，ドゥヌーヴの体がぐらり傾くラストには，「アジアのフランス」を企図した植民地を失った帝国の脆さが表われていた。

『インドシナ』
写真協力　㈶川喜多記念映画文化財団

Dialogue 2

ラ・ペ通りに郵便局があります

Il y a une poste rue de la Paix.

Track 30

Dupont《デュポン》 **Pardon,**《パるドン》 **Madame,**《マダム》 **où**《ウ》 **est**《エ》 **la**《ラ》 **poste ?**《ポスト》

Une dame《ユヌダム》 **Il**《イ》 **y**《リ》 **a**《ヤ》 **une**《ユヌ》 **poste**《ポスト》 **rue**《りュ》 **de**《ドゥ》 **la**《ラ》 **Paix.**《ペ》

Prenez《プるネ》 **la**《ラ》 **première**《プるミエーる》 **à**《ア》 **droite**《ドろワット》 **et**《エ》 **la**《ラ》

deuxième《ドゥズィエーム》 **à**《ア》 **gauche.**《ゴーシュ》

D **Merci**《メるスィ》 **beaucoup.**《ボク》

U **De**《ドゥ》 **rien.**《りヤン》

デュポン　すみません，マダム，郵便局はどこですか？

婦人　ラ・ペ通りに郵便局があります．

最初の通りを右に，二番目の通りを左に曲がってください．

デュポン　どうもありがとうございます．

婦人　どういたしまして．

Il y a une poste	郵便局があります

Il y a は英語でいえば *There is (are)* ... です．Il y a には日本語のような「～がある」と「～がいる」の区別はありません．Il y a の後に続くのは生物でも無生物でも構いません．

Il《イ》 y《リ》 a《ヤ》 un《アン》 employé《ナンプロワィエ》 à《ア》 la《ラ》 réception.《れセプスィヨン》　フロントに従業員がいます．

où est la poste ?	郵便局はどこですか？

où「どこに・どこで」は場所を尋ねるときの表現です．

Où《ウ》 est《エ》 la《ラ》 banque《バンク》 ?　銀行はどこですか？

Prenez la première à droite	最初の通りを右に曲がってください

「右に」は à droite ［ア ドろワット］です．「まっすぐに」tout droit ［トゥ ドろワ］と似ていますから注意しましょう．première と deuxième はそれぞれ「最初の」「第二の」を意味します．

De rien.	どういたしまして

Ce n'est rien. ［スネ りヤン］という言い方もあります．

いろいろな表現

Track 31

◎場所を尋ねる

場所をきく言い方は，Où est「～はどこですか」，je cherche ...「～をさがしているのですが…」等が一般的でしょう．

- Pardon《パるドン》 Mademoiselle《マドゥモワゼル》, où《ウ》 est《エ》 la《ラ》 gare《ギャーる》 de《ドゥ》 Lyon《リオン》 ?

（若い女性に）すみません，リヨン駅はどこですか？

- Désolée《デゾレ》. Je《ジュ》 ne《ヌ》 sais《セ》 pas《パ》.

ごめんなさい．知りません．（形容詞 **désolée** は女性形）

- Excusez《エクスキュゼ》-moi《モワ》, Monsieur《ムスィユ》, je《ジュ》 cherche《シェるシュ》 une《ユヌ》 station《スタスィオン》 de《ドゥ》 métro《メトろ》 ...

（男性に）すみません，地下鉄の駅をさがしているのですが…

- Allez《アレ》 tout《トゥ》 droit《ドろワ》. C'est《セ》 juste《ジュスト》 en《アン》 face《ファス》 du《デュ》 théâtre《テアトる》.

まっすぐ行きなさい．劇場の向かいです．

「～を曲がる」には次の２つの言い方があります．

Prenez《プるネ》 la《ラ》 troisième《トろワズィエーム》 rue《りュ》 à《ア》 droite《ドろワット》.

三番目の通りを右に曲がってください．

Tournez《トゥるネ》 dans《ダン》 la《ラ》 première《プるミエーる》 rue《りュ》 à《ア》 gauche《ゴーシュ》.

最初の通りを左に曲がってください．

これらはお互いによく似た言い方ですが，Tournez を使うと後ろに dans のような前置詞が必要になります．

世界初の女性映画監督アリス・ギイ

世界初の女性映画監督アリス・ギイ（Alice Guy，1873-1968）の名は，長く映画史に埋もれていた．草創期のゴーモン社の映画の大半を監督し，1907 年に夫と渡米後はアメリカで映画会社 Solax 社を設立し，1922 年に帰国するまで 300 本以上の中・長編映画を監督した彼女だが，本国では不当に長く忘れ去られていたのである．しかし，1970 年代，アメリカとフランスで女性監督の掘り起こし作業が同時進行的に始まり，各地で女性映画祭が開催されるに至ると，ギイの業績は再発見・再評価された．生前は刊行されなかった自伝（日本語版『私は銀幕のアリス　映画草創期の女性監督アリス・ギイの自伝』）は，チリのインディオの血をひく彼女の数奇な運命を描き出している．同時に，それは，ベルエポックを生きたブルジョワ育ちのフランス人女性の視点から見た 20 世紀初頭のアメリカ体験記として成立している．特に，黎明期のハリウッドの様子をエピソード豊かに語る箇所が興味深い．第一次世界大戦前から大戦後にかけてアメリカ映画が一大産業として大幅に再編されてゆくさまが，文化的差異を持つフランス人女性の内と外の視点から複眼的に語られているのだ．

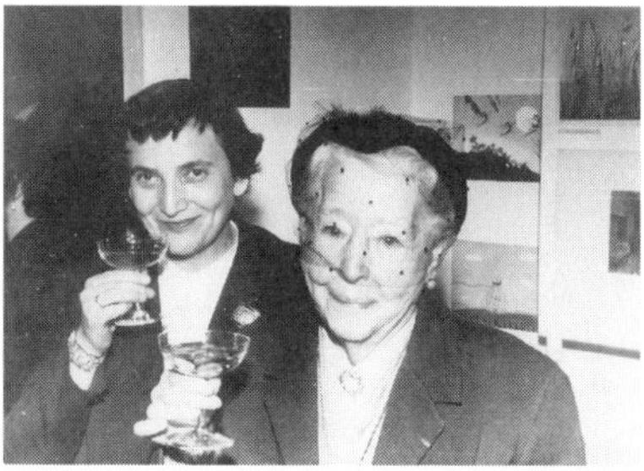

レジオン・ドヌール勲章授賞時の
アリス・ギイ（右側）

『さまよえる魂』

Dialogue
3

私は～と申します

Je m'appelle ...

Track 32

Jacques《ジャク》 **Vous《ヴ》 êtes《ゼット》 Monsieur《ムスィユ》 Dupont,《デュポン》 n'est-ce pas《ネスパ》 ?**

Dupont **Oui.《ウイ》 Je《ジュ》 suis《スュイ》 Paul《ポル》 Dupont.《デュポン》**

J **Entrez.《アントれ》 Par《パり》 ici.《スィ》 Asseyez《アセィエ》-vous.《ヴ》**

Voilà《ヴォワラ》 Monsieur《ムスィユ》 Dupont.《デュポン》

Pascale《パスキャル》 **Bonjour《ボンジューる》 Monsieur.《ムスィユ》 Je《ジュ》 m'appelle《マペル》**

Pascale《パスキャル》 Marceau.《マるソ》

D **Bonjour《ボンジューる》 Mademoiselle.《マドゥモワゼル》**

ジャック　あなたがデュポンさんですね？
デュポン　はい．わたしがポール・デュポンです．
ジャック　お入りください．こちらへどうぞ．おかけください．
　　　　　こちらがデュポンさんです．
パスカル　こんにちは．パスカル・マルソーと申します．
デュポン　こんにちは．

Vous êtes …? Oui. Je suis …

あなたが〜ですか？
はい．わたしが〜です

Vous êtes, Je suis ＜動詞 être［エートる］「〜です」（→ p.111）．ここでは相手の名前を確認するために使われています．

n'est-ce pas ?

〜ですね？

文の最後につけて，相手に確認をうながします．

Entrez.

お入りください

動詞 entrer「入る」の丁寧な命令形（→ p.117）．親しい間では Entre［アントる］「入れよ」になります．

Par ici.

こちらへどうぞ

Suivez-moi, s'il vous plaît.［スュイヴェ モワ スィル ヴ プレ］という言い方も一般的です．

Voilà Monsieur Dupont.

この方がデュポンさんです

人を紹介するときも Voilà が使えます（→ p.15）．同じような言い方に C'est Monsieur Dupont.［セ ムスィユ デュポン］「こちらがデュポンさんです」があります．

Je m'appelle …

私は〜と申します

代名動詞 s'appeler［サプレ］「〜という名前です」の活用形です．名前の言い方は「いろいろな表現」を参照してください．代名動詞は少し難しいので本書の最後のほうで説明します（→ p.134）．

いろいろな表現

Track 33

◎状況にあわせて名前を尋ねる

1．相手の名前を確かめる時 Vous êtes ... ?（→本文）

2．相手の名前を尋ねる時

- Vous《ヴ》 vous《ヴ》 appelez《ザプレ》 comment《コマン》 ?　あなたのお名前は？
- Je《ジュ》 m’appelle《マペル》 Michel《ミシェル》 Morin《モらン》.　ミシェル・モランと申します.

3．病院，役所，ホテルなどで名前を確かめる時

Quel《ケ》 est《レ》 votre《ヴォトる》 nom《ノン》 ?　名前は何と言うのですか？

Votre《ヴォトる》 nom《ノン》, s’il《スィル》 vous《ヴ》 plaît《プレ》.　お名前をお願いします.

こう聞かれたら Je m’appelle ... と答えましょう.

4．第三者の名前を尋ねる時

- Qui《キ》 est-ce《エス》 ?　あの方は誰ですか？
- C’est《セ》 Monsieur《ムスィユ》 Dupont《デュポン》.　あの方はデュポンさんです.

◎紹介する

Voilà Monsieur ... と C’est Madame ... 以外の表現を挙げます.

Je《ジュ》 vous《ヴ》 présente《プれザント》 Madame《マダム》 Marceau《マるソ》.

マルソーさんを紹介します.

Vous《ヴ》 connaissez《コネセ》 Monsieur《ムスィユ》 Dupont《デュポン》 ?

デュポンさんはご存じですか？

幻の映画

1931年，パリ，ヴァンセンヌの森で国際植民地博覧会が開催された．「植民地帝国最後の祭り」といわれた同博覧会で幕を明けた1930年代は，『フランスは一つの帝国なり』*La France est un Empire*（1939）という題名の途方もないドキュメンタリー映画製作で幕を閉じることになる．文献によれば5人のカメラマンが3カ月かけて北アフリカ，アジア，マダガスカル，カメルーン，ギアナ，マルチニックなどフランス支配下の植民地を旅し，3万メートル分のネガ・フィルムを撮影，編集し，完成させた作品であるという．しかし，第二次大戦勃発により，1940年にごく短期間上映されただけでフィルムの大半は消失した．現在では，人類博物館にトンキン，ホアビン，フェ，ラオスといった仏領インドシナ各地を写したフィルムの断片がわずかに残されているというだけの幻の映画である．

フランスの国立映画センター（CNC），アルシーヴ・デュ・フィルムには，こうした植民地映画の一大コレクションがある．映画生誕百周年にあたっては，「映画と植民地」というプロジェクトが組まれ，アフリカ諸国における1895年から独立までの映画が復元・カタログ化されたという．

幻の映画は，どうなったろうか？

『イリュストラシオン』誌
植民地博覧会特別号表紙

Dialogue 4

これはボルドー行きの電車ですか？

C'est bien le train pour Bordeaux ?

Track 34

Une dame **Pardon《パるドン》, Monsieur《ムスィユ》. C'est《セ》 bien《ビヤン》 le《ル》 train《トらン》 pour《プーる》 Bordeaux《ボるド》 ?**

Un《アン》 voyageur《ヴォワヤジューる》 **Oui《ウィ》, c'est《セ》 ça《サ》.**

D **Je《ジュ》 cherche《シェるシュ》 la《ラ》 voiture《ヴォワチューる》 cinq《サンク》.**

V **C'est《セ》 là-bas《ラバ》.**

D **Est-ce《エス》 qu'il《キ》 y《リ》 a《ヤ》 un《アン》 buffet《ビュフェ》 ?**

V **Voiture《ヴォワチューる》 six《スィス》.**

婦人　すみません．これはボルドー行きの列車ですか？
乗客　ええ，そうですよ．
婦人　5号車をさがしているんですが．
乗客　向こうです．
婦人　ビュッフェはありますか？
乗客　6号車です．

C'est bien ...?	これは～ですか？

「確かに～ですか」と確認する表現（→ p.28）

le train pour Bordeaux	ボルドー行きの電車

le train de Bordeaux と言うこともできます．駅で見かける表示には次のような表現も用いられます．

TRAIN À DESTINATION DE DIJON　ディジョン行きの列車

TRAIN EN PROVENANCE DE LYON　リヨン発の列車

destination は到着地を，provenance は出発地を表わします．

Oui, c'est ça.	ええ，そうです

C'est ... ?「それは～ですか？」と尋ねられたときの答え．否定の答えは Non, ce n'est pas ça.［ノンスネパサ］「いいえ，そうじゃありません」．

Je cherche, Vous cherchez	私はさがす，あなたはさがす

規則動詞 chercher［シェるシェ］の活用形（→ p.112）

Est-ce qu'il y a un buffet?	ビュッフェはありますか？

Est-ce que は疑問文を表わします（→ p.113）．

le buffet	ビュッフェ

la voiture	車両

定冠詞の le，la については文法編 p.112 を参照．

いろいろな表現

Track 35

◎場所の表現

近いほうから順に，ici ［イスィ］「ここに」，là ［ラ］「そこに」，là-bas ［ラバ］「向こうに」と言いますが，会話ではしばしば ici と là は区別されずに là で示されます．

C'est《セ》 là《ラ》.　それはここ（そこ）にあります．

Il est《イレ》 là《ラ》 ?　彼はいますか？

être là は「ここ（そこ）にいること」の意味で用いられます．

◎確認する

C'est《セ》 bien《ビヤン》 pour《プーる》 l'aéroport《ラエろポーる》 de《ドゥ》 Roissy《ろワスィ》 ?

これはロワシー国際空港（＝シャルル・ド・ゴール国際空港）行きですか？

bien には「ほんとうに」という強調のニュアンスがあります．この場合に代名詞 C' が指すものは，生物，無生物，何でも構いません．しかも「これ，それ，あれ」の全てを表わすことができるとても便利な表現です．単数形は C'est ［セ］，複数形は Ce sont ［スソン］になります（→ p.120）．また n'est-ce pas を使っても確認の表現になります．

Vous êtes Monsieur Dupont, n'est-ce pas ?

あなたがデュポンさんですね？（→ p.22）

C'est《セ》 le《ル》 train《トらン》 pour《プーる》 Marseille《マるセィーユ》, n'est《ネ》-ce《ス》 pas《パ》 ?

これはマルセイユ行きの電車ですね？

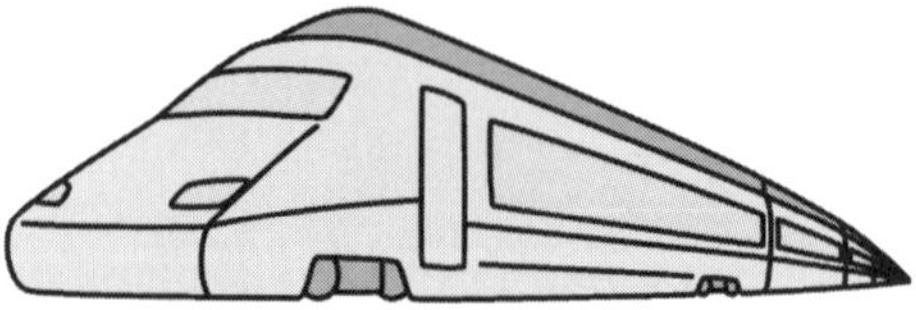

労働者というヒーロー

1930年代に初めてフランス映画史に誕生したヒーローは労働者だ．ルネ・クレールの『巴里の屋根の下』（1930），『ル・ミリオン』（1931）『自由を我等に』（1931），『巴里祭』（1933）に登場する楽譜売り，肉屋，牛乳屋，パン屋，工場労働者，タクシー運転手，花売り娘はその最も微笑ましい例だろう．

その労働者像を体現したのがジャン・ギャバンだった．10代から鉄道会社，鋳物工場，自動車工場などで下働きを積み重ね，オペレッタ芸人から映画俳優になったギャバンは『地の果てを行く』（1935），『我等の仲間』（1936），『望郷』（1937），『大いなる幻影』（1937）で瞬く間に人々の共感を集め，スターとなる．『霧の波止場』（1938）と『陽は昇る』（1939）の脚本を担当した詩人ジャック・プレヴェールは「永遠に青い目といまだ子供のようなまなざし」と賛辞を送り，『地の果てをゆく』『我等の仲間』『大いなる幻影』の脚本家シャルル・スパークは「自由，愛，友情という単純な理由のために戦う」男と称えた．

『我等の仲間』
写真協力　㈶川喜多記念映画文化財団

会話練習

音声には1回目は日本語の部分がポーズになって収録されています．まずは音声を聞きながら練習をしてみましょう．２回目には全会話が収録されています．

Track 36

Dialogue 1

:「こんにちはマダム，バゲットを１本ください」

: **Voilà. Et avec ça ?**

:「クロワッサンはありますか？」

: **Oui, combien ?**

:「三つ」

: **C’est tout ?**

:「それだけで結構です」

Track 37

Dialogue 2

:「(男性に対して) すみません．この近くに銀行はありますか？」

: **Oui. Tout droit, première à droite.**

:「どうもありがとうございます」

: **De rien.**

註　**près d’ici** [プれ ディスィ] この近くに

日本語の部分をフランス語で言ってみましょう

Track 38 Dialogue 3

:「あなたがマルソーさん（**Mademoiselle Marceau**）ですね？」

: **Oui. Je suis Pascale Marceau.**

:「はじめまして．ジャック・デュボワ（**Jacques Dubois**）と申します」

: **Bonjour Monsieur.**

:「こちらへどうぞ．この方がマルソーさんです」

: **Bonjour Mademoiselle. Je m’appelle Paul Dupont.**

: **Bonjour Monsieur.**

Track 39 Dialogue 4

:「（男性に）すみません．これはパリ行きの列車ですか？」

: **Oui, c’est ça.**

:「３号車をさがしているのですが」

: **C’est là-bas.**

:「ビュッフェはありますか？」

: **Voiture quatre.**

（→解答は **p.104**）

Dialogue 5

どこが痛みますか？

Où avez-vous mal ?

Track 40

Le médecin《ルメドゥサン》 **Où**《ウ》 **avez**《アヴェ》**-vous**《ヴ》 **mal**《マル》 **?**

Pascale **Ici.**《イスィ》 **J'ai**《ジェ》 **mal à**《マラ》 **l'estomac.**《レストマ》

M **Depuis**《ドゥピュイ》 **quand**《カン》 **?**

P **Hier**《イエーる》 **soir.**《ソワーる》

M **Êtes**《エット》**-vous**《ヴ》 **allergique**《アレるジック》 **?**

P **Non,**《ノン》 **je**《ジュ》 **ne**《ヌ》 **suis**《スュイ》 **pas**《パ》 **allergique.**《ザレるジック》

医者　どこが痛みますか？
パスカル　ここです．胃が痛いんです．
医者　いつからですか？
パスカル　昨晩からです．
医者　アレルギー体質ですか？
パスカル　いいえ，アレルギーはありません．

Où avez-vous mal ?　どこが痛みますか？

疑問詞 Où［ウ］「どこ」で疑問文を始めると avez-vous のように主語と動詞が倒置します（→ p.113）. Qu'est-ce que vous avez ?［ケスク ヴ ザヴェ］「どうなさいましたか？」もよく聞く言い方です．

J'ai mal à l'estomac.　私は胃が痛い

avoir mal à「〜が痛い」は動詞 avoir を用いた熟語です．痛い部位を表わすために前置詞 à を使う点に注意しましょう（→ p.34）.

Depuis quand ?　いつからですか？

depuis「〜以来，〜から」の反対に，「いつまでですか？」は Jusqu'à quand ?［ジュスカ カン］と言います．

Hier soir.　昨晩からです

Depuis quand ? と尋ねられていますから，Depuis hier soir. と答えても構いません．「3日前から」は Depuis trois jours.［ドゥピュイ トろワ ジューる］と言えばよいのです.

Êtes-vous allergique ?　アレルギー体質ですか？

Vous êtes「あなたは〜です」の主語と動詞が倒置して疑問文になっています（→ p.113）.

je ne suis pas　わたしは〜ではありません

je suis「わたしは〜です」を否定にするには動詞 suis を ne と pas ではさみ je ne suis pas とします（→ p.114）.

いろいろな表現

Track 41

◎健康状態を言う

痛みは突然やってきます．Où avez-vous mal ?（本文）と尋ねられても困らないように，動詞 avoir を用いたいくつかの表現を覚えておきましょう．

J'ai《ジェ》 mal《マル》 aux《オ》 dents《ダン》.	歯が痛い．
Vous《ヴ》 avez《ザヴェ》 mal《マル》 au《オ》 ventre《ヴァントる》 ?	お腹が痛いのですか？
Il a《イラ》 mal《マル》 à《ア》 la《ラ》 tête《テット》.	彼は頭が痛い．
Elle a《エラ》 un《アン》 peu《プ》 de《ドゥ》 fièvre《フィエーヴる》.	彼女は少し熱がある．

（前置詞と定冠詞の縮約形 au，aux → **p.114**）．

調子が悪くなければ次のように言いましょう．

Je《ジュ》 vais《ヴェ》 bien《ビヤン》, merci《メるスィ》.	調子はいいです，ありがとう．

◎時を尋ねる

- C'est《セ》 quand《カン》 ?	（それは）いつですか？
- Ce《ス》 soir《ソワーる》. À《ア》 six heures《スィズーる》.	今晩．6 時です．

- Quelle heure《ケルーる》 est-il《エ ティル》 ?	今何時ですか？
- Il est《イレ》 une heure《ユヌーる》 et《エ》 quart《キャーる》.	1 時 15 分です．

Vous avez l'heure ? ［ヴ ザヴェ ルーる］「時計はお持ちですか？」という言い方もあります。

1930年代フランス映画のパリ風発話

1930年代のフランス映画は，優れた脚本家（シャルル・スパーク，アンリ・ジャンソン，ジャック・プレヴェール）による機知と諧謔《かいぎゃく》，哀愁と皮肉に富む台詞と個性的な俳優（ジャン・ギャバン，ピエール・ブラッシュール，ルイ・ジューヴェなど）による独特の発話や身振りを通して，パリの特定の階層集団，界隈の雰囲気を作り上げた．観客はそこに自分たちの慣れ親しんだフランス語のトーン，声の質，文章の構造，語彙を見いだした．中でも，パリ北西のCourbevoie《クールブヴォア》出身のアルレッティは「場末の嘲笑」的資質が特徴の語り口を持ち，「下町のパリっ子の映画」のスターとなった．サン・マルタン運河界隈の安ホテルに住む娼婦役を演じた『北ホテル』(1938）で，ルイ・ジューヴェ演じる情夫のギャングに運河を渡る橋の上で「雰囲気を変えたいんだ」と言われた時，「雰囲気，雰囲気，雰囲気って何なのさ」と切った啖呵《たんか》はフランス映画史上最も有名な台詞の一つである．脚本を担当したアンリ・ジャンソンによれば，この台詞には，当時セット撮影により「雰囲気」を作り上げていたマルセル・カルネ監督の映画に対する揶揄《やゆ》がこめられていたという．

『北ホテル』
写真協力　㈶川喜多記念映画文化財団

Dialogue 6

土曜は暇かい？

Tu es libre samedi ?

Track 42

Jacques **Tu**《テュ》 **es**《エ》 **libre**《リーブる》 **samedi**《サムディ》 **?**

Pascale **Oui,**《ウィ》 **je**《ジュ》 **suis**《スュイ》 **libre.**《リーブる》 **Pourquoi**《プるコワ》 **?**

J **On**《オン》 **va**《ヴァ》 **au**《オ》 **restaurant**《れストらン》 **?**

P **Bonne**《ボンヌ》 **idée**《イデ》 **!**

J **Rendez-vous**《らンデヴ》 **à**《ア》 **sept heures**《セトゥーる》 **devant**《ドゥヴァン》 **la**《ラ》
Sorbonne.《ソるボンヌ》 **Ça**《サ》 **va**《ヴァ》 **?**

P **Très**《トれ》 **bien**《ビヤン》 **!** **À**《ア》 **demain.**《ドゥマン》

ジャック　土曜は暇かい？
パスカル　ええ，暇よ．どうして？
ジャック　レストランに行こうか？
パスカル　いい考えね！
ジャック　ソルボンヌ大学の前で7時に会おう．いいかい？
パスカル　ええいいわ！　じゃあ明日ね．

Tu es libre samedi ?	土曜は暇かい？

Tu es「君は～です」は動詞 être の二人称単数形で，親しい相手に対して用います（→ p.111，115）．libre「暇な」の反対は occupé(e)［オキュペ］「忙しい」と言います．

Pourquoi ?	どうして？

Pourquoi で尋ねられたら Parce que ...［パるス ク］「なぜならば」で答えます．たとえば Parce que je suis libre aujourd’hui.［パるスク ジュ スュイ リーブる オジュるデュイ］「今日は暇だからです」のように．

On va au restaurant ?	レストランに行こうか？

On はこの場合に「わたしたち」の意味で用いられています（→ p.115）．va ＜動詞 aller「行く」．au は前置詞 à と定冠詞 le の縮約形．

Rendez-vous à sept heures devant la Sorbonne.	ソルボンヌ大学の前で7時に会おう

会う約束をするには，Rendez-vous［らンデヴ］の後に時間と場所を告げればよいのです．時間の前には前置詞 à が必要です．devant「～の前で」等の場所を表わす前置詞については p.115-116 を参照．

À demain.	じゃあ明日

別れる時の挨拶です．À demain. と言われたら同じように À demain. と答えます．

いろいろな表現

Track 43

◎断り方

Tu es libre dimanche ? [テュ エ リーブる ディマンシュ]「日曜は暇かい？」などと誘われた時，断り方を覚えておきたいものです．

Non《ノン》, je《ジュ》 suis《スユイ》 occupée《ゾキュペ》.　いいえ，忙しいわ．
（**occupée**「忙しい」は女性形）

Non《ノン》, je《ジュ》 ne《ヌ》 suis《スユイ》 pas《パ》 libre《リーブる》.　だめだわ，暇じゃないの．

（**libre** のように **-e** で終わる形容詞は男女共通形です）

Non《ノン》, je《ジュ》 n'ai《ネ》 pas《パ》 le《ル》 temps《タン》.　だめよ，時間がないの．

◎都合をきく

本文中の Ça va ? [サ ヴァ]「いいの？」は一番簡単な都合のきき方です．でもこれではちょっと愛想がありません．

Mardi《マるディ》 prochain《プろシャン》, ça《サ》 te《トゥ》 va《ヴァ》 ?　来週の火曜日，都合はどう？

Dialogue 7 の本文に出てくる **Ça te dit ?** も同じ意味です（→ p.40）．

À《ア》 six《スィ》 heures《ズーる》 et《エ》 demie《ドゥミ》, ça《サ》 vous《ヴ》 irait《ズィれ》 ?

六時半はいかがでしょうか？（ていねいな言い方です）

Devant《ドゥヴァン》 le《ル》 Musée《ミュゼ》 d'Orsay《ドるセ》. C'est《セ》 possible《ポスィーブル》 ?

オルセー美術館の前．それでいい？

女性画家モリゾ

印象派の女性画家ベルト・モリゾ（Berthe Morisot, 1841-1895）は，画家マネの作品のモデルから画家へ転進を遂げた．マネの弟と結婚し，娘ジュリーを産んだ彼女は，以前から好んで描いていた母子像に加えて，自分の娘ジュリーを主題にした絵を描き始める．

白鳥たちの浮かぶブローニュの森の湖上でボートに乗り水面を見つめる５歳の娘，花々が咲き乱れる庭の一角に坐る養育係の女中と幼い娘の幸福な光景，長い三つ編みを垂らし愛らしい白い犬を抱いて坐る娘，ピアノの練習風景——なにげない日常の光景の内に娘の成長を描き続けた彼女は，幸福な母であり芸術家であると同時に，激しい芯の強さを持ち合わせた女性であった．

1891 年に夫を亡くした時に書いた手紙の一節が彼女の魂の強靭さを物語っている．

「苦痛の奥底まで降りてゆくことを私は好みます．そうすれば，後は立ち上がるしかないのだから」

死の前年に描いた『夢見るジュリー』（Julie rêveuse）には，深い緑を背景に，娘から女に移ろうほんの束の間にしか見られない甘く繊細で物憂げな愛娘の様子が，モリゾの優しいまなざしと共に永遠にキャンバスに描きとどめられている．

『夢見るジュリー』

Dialogue 7

今晩テレビで何がある？

Qu'est-ce qu'il y a à la télé ce soir ?

Track 44

Jacques **Qu'est-ce《ケス》 qu'il y a《キリヤ》 à《ア》 la《ラ》 télé《テレ》 ce《ス》 soir《ソワーる》 ?**

Pascale **Regardons《るギャるドン》 le《ル》 programme《プろグらム》 ...**

Il《イ》 y a《リヤ》 un《アン》 film《フィルム》.

J **Qu'est-ce《ケス》 que《ク》 c'est《セ》 comme《コム》 film《フィルム》 ?**

P **La《ラ》 Reine《れーヌ》 Margot《マるゴ》. Ça《サ》 te《トゥ》 dit《ディ》 ?**

J **Super《スュペーる》. C'est《セ》 à《タ》 quelle heure《ケルーる》 ?**

P **À《ア》 neuf《ヌ》 heures《ヴーる》.**

ジャック　今晩テレビで何がある？
パスカル　プログラムを見ましょう…　映画があるわ.
ジャック　何の映画だい？
パスカル　『王妃マルゴ』よ. どう？
ジャック　いいね. 何時にある？
パスカル　9時よ.

Qu'est-ce qu'il y a ?　何がある？

この言い方は日本語と同じように「どうしたのか？」の意味でも用いられます（→ p.98）．Qu'est-ce que vous avez ? [ケスク ヴ ザヴェ]「どうなさいましたか？」という言い方も参照（→ p.33）．

à la télé　テレビで

À neuf heures.　9時に

前置詞の à は場所や位置を表わしたり，時間を表わします（→ p.115-116）．

ce soir　今晩

ce「この」は指示形容詞の男性単数形です．昨晩は hier soir [イエーる ソワーる]，明晩は demain soir [ドゥマン ソワーる] と言います．

Regardons le programme ...　プログラムを見ましょう

Regardons は動詞 regarder「見る」の命令形で，「見ましょう」のように相手に誘いかける意味になります．

Ça te dit ?　どうですか？

dit は動詞 dire「言う」の三人称単数の現在形ですが，ここでは「気に入る」の意味で，相手に関心があるのかどうかを尋ねています．動詞 aller「行く」も同じような意味になります（→ p.38）．

C'est à quelle heure ?　それは何時にありますか？

便利な表現 C'est については既に説明しました（→ p.28）．quelle は疑問形容詞の女性単数形（→ p.42）．

いろいろな表現

Track 45

◎種類を尋ねる

本文中の Qu'est-ce que c'est comme film ?「何の映画があるの？」の Qu'est-ce que c'est ?［ケスクセ］という表現はそれだけで「これは何ですか？」と尋ねるときに使われますので，ぜひ覚えておきましょう．

- Qu'est-ce que c'est ?　これは何ですか？
- C'est《セ》 un《タン》 téléphone《テレフォヌ》 portable《ポるターブル》.　それは携帯電話です．

Qu'est-ce que と comme「～として」を使うと，レストランでデザートやお勧めのワインを尋ねることもできます．

Qu'est-ce《ケス》 que《ク》 vous《ヴ》 avez《ザヴェ》 comme《コム》 dessert《デセーる》 ?
デザートには何がありますか？

Qu'est-ce《ケス》 que《ク》 vous《ヴ》 me《ム》 conseillez《コンセイエ》 comme《コム》 vin《ヴァン》 ?
ワインは何がお勧めですか？（**me**「私に」は人称代名詞の目的語）

種類を尋ねる表現として次のような言い方もあります．

◎どんな～

Quel《ケル》 genre《ジャンる》 de《ドゥ》 film《フィルム》 aimez《エメ》-vous《ヴ》 ?　どんな映画が好きですか？
Quelle《ケル》 couleur《クルーる》 voulez《ヴレ》-vous《ヴ》 ?　どんな色が欲しいですか？

疑問形容詞 **quel**「何，どんな」は男性名詞の単数形の前で，**quelle** は女性名詞の単数形の前で使われます．

永井荷風の「フランス」

明治40年（1907年）7月，永井荷風はアメリカから大西洋を越え憧れのフランスに着く．後に『あめりか物語』初版に「附録フランスより」と題され収められた3篇の随筆（「船と車」「ローン河のほとり」「秋のちまた」）の一篇「船と車」には，ニューヨークを出て一週間目の夜，船上から見たル・アーブル港の灯火の描写に始まるフランス到着記が綴《つづ》られている．初めて見るフランスの地であるのに，「海の水までが非常に優しく，人馴れしているように見え初めた」と親しみを覚えているあたり，渡仏以前からフランス語を学び，ボードレールの詩が読める程上達し，フランスの小説，絵画，音楽に親しんできた荷風らしい所感だ．翌朝，ル・アーブル発パリ行き特別列車に乗った20代の荷風の目には空の色さえ「アメリカの地では，如何に晴れた日でも見ることの出来ぬほど，青く澄んで」いる．

同随筆には20世紀初頭のアメリカに滞在した日本人の視点から見たアメリカとフランスの違いも散見される．荷風の目に映ったパリのサン・ラザール駅の雑踏はニューヨークの「中央停車場」より「人間が皆《みん》な，ゆっくりしている．米国で見るような鋭い目は一ツも輝いていない」．同様に，パリからリヨン駅に向かう列車の車窓から見る自然の趣は「かの単調，漠然たる北米大陸中部の平野とは，全く異なって」おり，カンザス州の牧野，ミズーリー州，イリノイ州のとうもろこし畑の景色が「強い大《おおき》い，いわば男性的の悲哀を与える」のに対し，「今見るフランスの野は，何も彼も皆女性的」に映る．荷風はアメリカの自然を「厳格極りなき父親の愛」に譬《たと》える一方，フランスの自然は「恋する人の心に等しい」と譬えるのだ．アメリカに男性性，フランスに女性性を見出す対比が興味深い．

Dialogue 8

レストランで

Au restaurant

Track 46

Françoise《フらンソワーズ》 **Je《ジュ》 voudrais《ヴドれ》 un《アン》 menu《ムニュ》 à《ア》 20 (vingt) euros《ヴァントゥーろ》.**

Garçon《ギャるソン》 **Bien《ビヤン》 Madame《マダム》. Et《エ》 comme《コム》 boisson《ボワソン》 ?**

F **Une《ユンヌ》 bouteille《ブティユ》 de《ドゥ》 bordeaux《ボるドー》.**

G **Oui《ウィ》. Votre《ヴォトる》 steak《ステック》, vous《ヴ》 le《ル》 voulez《ヴレ》 comment《コマン》 ?**

F **À《ア》 point《ポワン》, s'il《スィル》 vous《ヴ》 plaît《プレ》.**

（食後に） *G* **Je《ジュ》 vous《ヴ》 sers《セーる》 un《アン》 petit《プティ》 digestif《ディジェスティフ》 ou《ウ》 un《アン》 café《キャフェ》 ?**

F **Non《ノン》, merci《メるスィ》. L'addition《ラディスィヨン》, s'il《スィル》 vous《ヴ》 plaît《プレ》.**

フランソワーズ　20 ユーロの定食をお願いします.
ウェイター　かしこまりました．飲み物はどうなさいますか？
フランソワーズ　ボルドー・ワインを 1 本ください.
ウェイター　わかりました．ステーキの焼加減はどうなさいますか？
フランソワーズ　アポワンにしてください.
（食後に）　ウェイター　食後酒かコーヒーをお持ちしましょうか？
フランソワーズ　いいえ結構です．お勘定をお願いします.

Et comme boisson ?	飲物はどうなさいますか？

comme［コム］は「～として，～のように」を意味します（→ p.40）.

Une bouteille de bordeaux.	ボルドー・ワインを１本ください.

une bouteille de は「１本の～」という決まり文句．bordeaux は地方の名前ですが，そのままワインの意味でも使うことができます.

Votre steak	あなたのステーキ

votre「あなたの」は所有形容詞（→ p.119）.

vous le voulez comment ?	それをどうなさいますか？

vous voulez ＜動詞 vouloir「～したい」（→ p.135）．le「それを」は代名詞の目的語で，ここでは前の votre steak を受けています.

À　point	アポワン

ステーキの焼き加減は四段階に分かれます．bien cuit［ビヤンキュイ］「よく焼けた」，à point「ほどよく焼けた」，saignant［セニャン］「レア」，bleu［ブル］「超レア」です．bleu はあまりお勧めできません.

いろいろな表現

Track 47

◎人に勧める

- Qu'est-ce《ケスク》 que《ク》 vous《ヴ》 voulez《ヴレ》 comme《コム》 vin《ヴァン》 ?

Un《アン》 rouge《るージュ》 ou《ウ》 un《アン》 blanc《ブラン》 ?

ワインは何になさいますか？　赤ですか白ですか？

- Je《ジュ》 prends《プらン》 un《アン》 rouge《るージュ》.　赤を１本ください.

勧められて断るときは次のように言えばよいでしょう.

- Encore《アンコーる》 un《アン》 peu《プ》 de《ドゥ》 salade《サラド》 ?　もう少しサラダはいかがですか？

- Non,《ノン》 merci,《メるスィ》 j'ai《ジェ》 déjà《デジャ》 bien《ビヤン》 mangé《マンジェ》.

いいえ結構です．もう十分いただきました.

親しい相手に勧める時は vous「あなたに」ではなく te「君に」を使います.

- Je《ジュ》 te《トゥ》 sers《セーる》 un《アン》 thé《テ》 ou《ウ》 un《アン》 café《キャフェ》 ?

紅茶かコーヒーを入れようか？

- Rien,《りヤン》 merci,《メるスィ》 pas《パ》 pour《プーる》 l'instant《ランスタン》.

いいや，ありがとう，今はいいよ.

与謝野晶子のパリ　雛罌粟《コクリコ》と芍薬《しゃくやく》

1912年（明治45年）5月5日，歌人与謝野晶子は日本を発ち敦賀港からウラジオストク経由シベリア鉄道で単身フランスに向かった．前年彼女が工面した金で渡仏した夫の鉄幹を追い，5人の子どもを残しての旅だった．19日パリ北駅に着く．迎えに来た夫と馬車に乗り，晶子はモンマルトルに近い夫の下宿に向かう．

サクレ・クール寺院の見える高台に建つ建物の下宿の庭には，パリ郊外に列車が入った折から晶子が目を奪われていた「燃えるような緋の色」をした雛罌粟《ひなげし》が咲いていた．鉄幹はその花をフランス語で「コクリコ」と呼ぶと晶子に教える．それより5年前の明治40年，アメリカから大西洋を越えて渡仏した永井荷風が，7月末のノルマンディーの野に咲く同じ花を「点々血の滴るがごとく，真っ赤な紅粟《コックリコ》の花」と記したのを鉄幹は読んでいたのだろうか．

晶子は早速そのフランス語を歌に詠みこむ．

『みだれ髪』（1901年）
写真提供　日本近代文学館

ああ皐月《さつき》仏蘭西《フランス》の野は火の色す
君も雛罌粟《コクリコ》われも雛罌粟《コクリコ》

晶子は通りを歩くフランス女性の華やかな帽子にも目を奪われた．知人宛の葉書にはこう記されている．

「パリに着いて三日目に大きい真っ赤な芍薬を帽の飾りに付けました」

「燃えるような緋の色」の雛罌粟と「真っ赤な芍薬」— 34歳の女性歌人の情熱の花だ．

会話練習

Track 48

Dialogue 5

: **Où avez-vous mal ?**

: 「頭が痛いんです」

: **Depuis quand ?**

: 「３日前からです」

: **Vous avez de la fièvre ?**

: 「はい．少し熱があります」

註 **de la**（→部分冠詞 **p.125**）

fièvre（**p.34**）

Track 49

Dialogue 6

: **Tu es libre samedi ?**

: 「ええ，暇よ．どうして？」

: **On va au restaurant chinois ?**

: 「いいわよ」

: **Rendez-vous à six heures devant Saint-Michel.**
Ça va ?

: 「ええ，いいわ」

: **À samedi.**

: 「じゃあ土曜にね」

註 **restaurant chinois** [れストらン シノワ] 中華料理店

Saint-Michel [サン ミシェル]（駅名）

日本語の部分をフランス語で言ってみましょう

Track 50

Dialogue 7

: **Qu'est-ce qu'il y a à la télé ce soir ?**

: 「プログラムを見ましょう…　映画があるわ」

: **Qu'est-ce qu'il y a comme film ?**

: 「『勝手にしやがれ』よ．どう？」

: **Super. C'est à quelle heure ?**

: 「10 時よ」

註　**À bout de souffle**（ゴダール監督の名作）
dix heures ［ディ ズーる］10 時

Track 51

Dialogue 8

: **Vous désirez, Monsieur ?**

: 「20 ユーロの定食をお願いします」

: **Bien Monsieur. Et comme boisson ?**

: 「ワインをください」

（食後に）

: **Je vous sers un dessert ou un café ?**

: 「いいえ結構です．お勘定をお願いします」

註　**Vous désirez** ［ヴ デズィれ］何になさいますか？
20 €= vingt euros ［ヴァントゥーろ］
Je vous sers ［ジュ ヴ セーる］あなたに持ってくる

（→解答は p.104）

Dialogue
9

郵便局で

À la poste

Track 52

Mme Sato **Je《ジュ》 voudrais《ヴドれ》 envoyer《アンヴォワイェ》 des《デ》 cartes《キャるト》 postales《ポスタル》.**

L'employé《ランプロワイェ》 de《ドゥ》 la《ラ》 poste《ポスト》 **C'est《セ》 pour《プーる》 le《ル》 Japon《ジャポン》 ?**

S **C'est《セ》 ça《サ》. C'est《セ》 combien《コンビヤン》 ?**

E **Une《ユヌ》 carte《キャるト》, ça《サ》 fait《フェ》 80 (quatre《キャトる》-vingts《ヴァン》) centimes《サンティム》.**

S **Est-ce《エス》 que《ク》 vous《ヴ》 avez《ザヴェ》 de《ドゥ》 jolis《ジョリ》 timbres《タンブる》 ?**

E **Oui《ウイ》, bien《ビヤン》 sûr《スューる》.**

佐藤　はがきを送りたいのですが.
局員　日本宛てですか？
佐藤　そうです．おいくらですか？
局員　はがき１通が 80 サンチームになります.
佐藤　きれいな切手はありますか？
局員　ええ，もちろん.

Je voudrais envoyer des cartes postales.	はがきを送りたいのです

Je voudrais「～したいのです」の後には不定詞 envoyer「送る」を直接続けることができます．des cartes postales は une carte postale「はがき」の複数形．省略して une carte とも言えます．

C'est pour le Japon ?	日本宛てですか？

前置詞 pour はここでは行き先を表わします（→ p.120）．

C'est ça.	そうです（→ p.120）

C'est combien ?	おいくらですか？（→ p.52）

ça fait 80 centimes	80 サンチームになります

値段を答えるときの言い方です（→ p.52）．フランス語では「セント」を「サンチーム」と言います．お店では 0,80 €と表記されています．

de jolis timbres	きれいな切手

郵便局の窓口（le guichet［ル ギシェ］）には記念切手のリストが貼られています．パリからの便りには美しい切手が似合いますね．

いろいろな表現

Track 53

◎値段と単位の表現

C'est《セ》 combien《コンビヤン》 ?　いくらですか？（一つ一つ値段をきく）

Ça《サ》 fait《フェ》 combien《コンビヤン》 ?　全部でいくらですか？（合計の金額をきく）

1ユーロは100サンチーム（centimes）ですから，3,50 € [トろワ ズーろ サンカント] は3ユーロ50サンチームのことです．euros の部分を省略して [トろワ サンカント] と発音することもあります．

値段を学んだついでに，単位の言い方も練習しておきましょう．

- Donnez《ドネ》-moi《モワ》 six《スィ》 timbres《タンブる》 à《ア》 70 (soixante-dix《ソワサントディ》) centimes《サンティム》.

0.70ユーロの切手を6枚ください．

- Oui《ウィ》. 4,20 € (quatre《キャトる》 euros《ユーろ》 vingt《ヴァン》), s'il《スィル》 vous《ヴ》 plaît《プレ》.

はい．4.20ユーロになります．

- Ces《セ》 raisins《れザン》, ils《イル》 coûtent《クット》 combien《コンビヤン》 le《ル》 kilo《キロ》 ?

このブドウ，キロいくらですか？

- C'est《セ》 6,30 € (six《スィ》 euros《ズーろ》 trente《トらント》) le《ル》 kilo《キロ》.

1キロ6.30ユーロです．

藤村のパリ

『夜明け前』で知られる自然主義の作家島崎藤村は，1913年（大正2年），42歳の時，新橋駅を発ち，4月神戸からフランスの郵船エルネスト・シモン号に乗り，上海，香港，サイゴン，シンガポール，コロンボ，アフリカの一角仏領の港ジブチ，スエズ運河を経て地中海に入り，5月20日，37日間の航海をマルセイユで終え，リヨン経由でパリのリヨン駅に到着した．それから3年間のパリ滞在は，「平和の巴里」「戦争と巴里」「エトランゼエ」といった題名で，筑摩版『藤村全集』に収められている．なかでも「エトランゼエ」は，朝日新聞に連載されていた頃から評判で，正宗白鳥も愛読し「日本の文学者の欧州印象記でこれ以上に味わいのあるものは私にはまだ見当たらない」と絶賛している．仏文学者河盛好蔵も新聞連載中から愛読し，昭和3年の春に初めて渡仏した折も，春陽堂から刊行された『エトランゼエ（仏蘭西旅行者の群）』を忍ばせ，「パリの宿舎でくりかえし読み耽った」と『藤村のパリ』に記している程だ．

河盛好蔵の『藤村のパリ』は，パリ時代の藤村と当時パリに留学していた意気盛んな若き日本人画家たち（藤田嗣治，安井曽太郎など）の交流を描いた部分が圧倒的に面白い．特に彼らが「シモンヌの家」と呼び隠れ家的たまり場にしていたリュクサンブール公園近くのカフェで歓談する様子には，第一次大戦前のパリの牧歌的陽気さが漂っている．

「亭主も，おかみさんも，時に店の手伝いに来るおかみさんの妹も，皆田舎出の仏蘭西人らしい働き好きな人達ばかりで，気が置けなかった」といった藤村の文章に「パリの隠されているよき農民的なもの」を河盛は読み取っている．

Dialogue 10

ちょっとしたプレゼントなんです

C’est un petit cadeau pour vous.

Track 54

M. Dupont **C’est《セ》 un《タン》 petit《プティ》 cadeau《キャド》 pour《プーる》 vous.《ヴ》**

Pascale **Oh,《オ》 merci《メるスィ》 ! Mais《メ》 c’est《セ》 trop《トろ》 gentil.《ジャンティ》**

D **Ce《ス》 n’est《ネ》 rien.《りヤン》**

P **Elles《エル》 sont《ソン》 très《トれ》 belles《ベル》 ! J’aime《ジェム》 beaucoup《ボク》 ces《セ》 tasses.《タス》**

D **Elles《エル》 vous《ヴ》 plaisent《プレーズ》 ?**

P **Oui,《ウイ》 je《ジュ》 les《レ》 trouve《トるーヴ》 vraiment《ヴれマン》 belles.《ベル》**

D **Tant《タン》 mieux《ミュウ》 !**

デュポン　あなたにちょっとしたプレゼントなんです.
パスカル　まあ，ありがとうございます！　ご親切にどうも.
デュポン　ほんの気持ちですから.
パスカル　とてもきれいですね！　このカップ大好きです.
デュポン　気に入りましたか？
パスカル　ええ，ほんとにきれいだと思います.
デュポン　それはよかった.

un petit cadeau	ちょっとしたプレゼント

petit［プティ］は「ちょっと」というニュアンス．手土産としてはブーケ（un bouquet［アン ブケ］）も一般的ですが，チョコレートなどもよいのでは．

Mais c'est trop gentil.	ご親切にどうも

Mais il ne fallait pas.［メ イル ヌ ファレ パ］「でもそんな必要なかったんですよ」もよく聞く言い方です．

Elles vous plaisent ?	気に入りましたか？

Elles は人称代名詞の三人称複数の女性形です（→ p.109）．人間を指すのではなく，女性名詞の ces tasses「これらのカップ」を受けている点に注意してください．plaisent ＜動詞 plaîre「気に入る」．

ces tasses	これらのカップ

ces は指示形容詞の複数形（→ p.117）．

je les trouve vraiment belles.	ほんとにきれいだと思います

les「それらを」は人称代名詞の目的語（→ p.121）で ces tasses を受けているため，女性複数形です．belles は形容詞 beau「美しい」の女性複数形で，les を修飾しています．vraiment「ほんとに」は強調するときに使います．

いろいろな表現

Track 55

◎好き嫌いを言う

動詞 aimer「～が好きだ」を使って好き嫌いの程度を言ってみましょう.

- Vous《ヴ》 n'aimez《ネメ》 pas《パ》 tellement《テルマン》 la《ラ》 cuisine《キュイズィーヌ》 japonaise《ジャポネーズ》 ?

あまり日本料理は好きではありませんか？

- Si《スィ》, j'aime《ジェム》 beaucoup《ボク》 la《ラ》 cuisine《キュイズィーヌ》 japonaise《ジャポネーズ》.

いいえ，日本料理は大好きです.

「～ではないのですか」と否定で尋ねられたのに対して，肯定形で答える時は Oui ではなく Si を使います.

- Tu《テュ》 n'aimes《ネム》 pas《パ》 du《デュ》 tout《トゥ》 le《ル》 tennis《テニス》 ?

テニスは全然好きじゃないの？

- Non《ノン》, je《ジュ》 n'aime《ネム》 pas《パ》 beaucoup《ボク》 le《ル》 tennis《テニス》.

ええ，あまり好きじゃありません.

◎～だと思う

代名詞の ça は目的語なのに動詞の後にきます（→ p.118）. また ça は目的語が男性と女性，単数と複数のいずれであってもかまいません. いわばそうした区別をぼかして言うときに便利な代名詞で，会話の中でたくさん用いられます.

- Vous《ヴ》 trouvez《トるヴェ》 ça《サ》 difficile《ディフィスィル》 ?

あなたはそれが難しいと思いますか？

- Non《ノン》, je《ジュ》 trouve《トるーヴ》 ça《サ》 facile《ファスィル》.

それは簡単だと思います.

林芙美子の「巴里の小遣ひ」

「私は宿命的に放浪者である．私は古里を持たない」という一節で有名な著作『放浪記』がベストセラーとなり世に出た林芙美子は，1931年（昭和６年）11月，帰りの旅費も持たぬままにシベリア鉄道に乗り，単身渡仏した．28歳だった．パリ北駅に着いたのは11月23日．

「巴里の小遣ひ」と表紙に自筆でつづった手帖大のノートには，到着早々１カ月の予算と当日の支出が早くも記されている．予算は810フラン(F)．部屋代310F，食費250F，雑費150Fのほかに郵便代を100F見込んでいるのは，日本に送る原稿の送料だろうか．その日は早速，白い「コーヒー沸かし」「巴里の町」の絵葉書を40枚，無地の便箋，白い封筒，インクを買っている．巴里で新生活を始める新進作家らしい買い物だ．「インク」と書かれたすぐ下には「野菜袋」とあり，「ネーブル６コ　少々ぜいたく」と記しているのが微笑ましい．さらに「豚　かなり大きいの」「庖丁　小さいの」と手帳の文字は，段々と芙美子らしい生活者のたくましさをにじませてゆく．

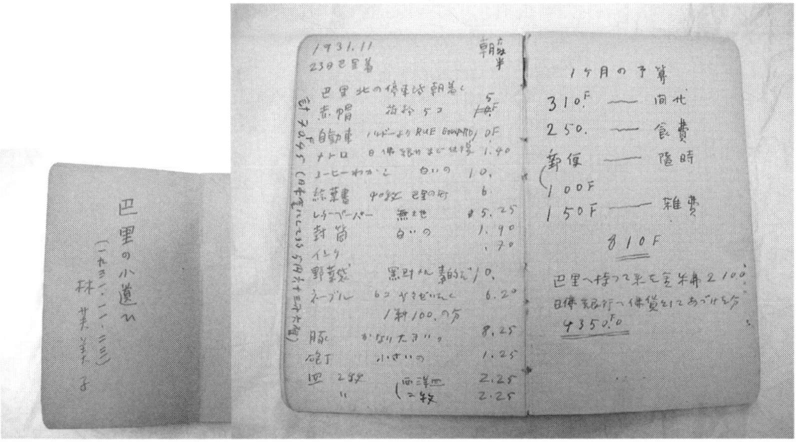

『林芙美子の小遣ひ』新宿歴史博物館蔵

Dialogue 11

スタンプはフランス語でどう言いますか？

Comment dit-on "stamp" en français ?

Track 56

M. Sato **Est-ce que《エスク》 je《ジュ》 peux《プ》 vous《ヴ》 demander《ドゥマンデ》 un《アン》 service《せるヴィス》 ?**

Pascale **Allez-y《アレズィ》.**

S **J'écris《ジェクり》 une《ユヌ》 lettre《レトる》 à《ア》 un《アン》 ami《ナミ》. Vous《ヴ》 pouvez《プヴェ》 corriger《コりジェ》 ?**

P **Volontiers《ヴォロンティエ》.**

S **Comment《コマン》 dit-on《ディトン》 "stamp"《スタンプ》 en《アン》 français《フらンセ》 ?**

P **Timbre《タンブる》 ... Vous《ヴ》 comprenez《コンプるネ》 ?**

S **Non《ノン》, je《ジュ》 ne《ヌ》 comprends《コンプらン》 pas《パ》.**

Vous《ヴ》 pouvez《プヴェ》 répéter《れペテ》 ?

単語

j'écris ＜ écrire「書く」
je comprends,
vous comprenez ＜ comprendre「理解する」

Est-ce que je peux vous demander un service ?	ちょっとお願いしてもいいですか？

je peux ＜助動詞 pouvoir（→ p.133）．demander un service は「お願いする」の意味.

Vous pouvez corriger ?	直してくれますか？

vous pouvez ＜助動詞 pouvoir（→ p.133）．規則動詞 corriger は「直す」の意味.

Comment dit-on “stamp” en français ?	“スタンプ” はフランス語ではどう言いますか？

疑問詞 comment「どのように」は様態を表わします（→ p.111）．dit-on の on は漠然とした人々を指します（→ p.115）．dit ＜動詞 dire「言う」（→ p.122）.

Vous comprenez ?	わかりますか？
je ne comprends pas	わかりません

comprenez，comprends は動詞 comprendre「理解する」の現在形です．動詞 prendre「とる」も同様の活用をします（p.46，88）.

Vous pouvez répéter ?	もう一度言ってくれますか？

規則動詞 répéter は「くりかえして言う」という意味です.

佐藤　ちょっとお願いしてもいいですか？
パスカル　どうぞ.
佐藤　友達に手紙を書いているのですが. 直してくれますか？
パスカル　喜んで.
佐藤　“スタンプ” はフランス語ではどう言いますか？
パスカル　タンブルです…　わかりますか？
佐藤　いいえ，わかりません．もう一度言ってくれますか？

いろいろな表現

Track 57

◎聞きかえす

　尋ねてはみたものの相手の答えが聞き取れないときはどうしますか？Pardon ? [パルドン] と尻上がりに言ってもよいのですが，なんだかそっけないですね．とかく自然な会話のスピードは早いと感じられるもの，困った時の対策を一つ挙げておきます．

- Vous《ヴ》 me《ム》 suivez《スュィヴェ》 ?　話についてこられますか？
- Non.《ノン》 Expliquez《エクスプリケ》-moi《モワ》 encore《アンコーる》 une《ユヌ》 fois.《フォワ》
いいえ．もう一度説明してください．

◎～してくれますか

　上の例文 Expliquez-moi encore une fois. のように命令形の二人称複数形を用いても相手にお願いすることができます（→ p.117）．しかしここでは助動詞 pouvoir「～できる」（→ p.133）を使ったお願いの仕方を覚えましょう．

Vous《ヴ》 pouvez《プヴェ》 m'aider《メデ》 ?　手伝ってくれますか？
Vous《ヴ》 pouvez《プヴェ》 me《ム》 téléphoner《テレフォネ》 ?　私に電話してくれますか？

　助動詞 pouvoir の後には不定詞が続きます．このほか助動詞 vouloir「～したい」（→ p.135）を使っても相手にお願いする表現になります．

- Vous《ヴ》 voulez《ヴレ》 répéter《れペテ》, s'il《スィル》 vous《ヴ》 plaît《プレ》 ?
もう一度言ってくださいますか？

アンナ・カリーナ

軽量化したカメラを手にパリの街に飛び出したヌーヴェルヴァーグの監督たちの中で，ジャン・リュック・ゴダール程，その後，難解な映画を撮るようになった作家はいない．けれど初期の作品には軽やかな町の空気が溢れている．なかでも，ヌーヴェルヴァーグが現在進行形だった時代に，パリ市内とマルヌ河沿いの郊外ジョアンヴィルで 25 日間の早撮りで即興的に作った『はなればなれに』*Bande à Part*（1964）は愛すべき小品だ．デンマークからパリにやってきたアンナ・カリーナが，自分そっくりに「北欧からパリにやってきたロマンティックな娘」という役を楽しげに演じている．３日間の物語という設定なのに，ほとんどの間，彼女は丸ボタンのついた上着にプリーツスカートと厚ぼったい黒タイツという格好で，自転車に乗ったり，手をひらひらさせながら冬木立の間を走ったりする．彼女はこの作品を含め，７本のゴダール作品に出演しているが，この白黒映画の姿が一番初々しい．彼女の存在が，なんでもない風景を物語に変えてしまうのだ．『勝手にしやがれ』のジーン・セバーグがそうであったように，異国からやってきたアンナ・カリーナもまた，フランス人女優にはない新鮮な風をスクリーンにもたらした．

『はなればなれに』

Dialogue 12

いい天気ですね！

Il fait beau !

Track 58

Un monsieur Il《イル》 fait《フェ》 beau《ボ》 !

Pascale Oui.《ウィ》 Mais《メ》 ce《ス》 soir,《ソワーる》 il《イル》 va《ヴァ》 pleuvoir.《プルヴォワーる》

M Ah《ア》 bon《ボン》 ? Alors,《アローる》 je《ジュ》 vais《ヴェ》 prendre《プらンドる》 un《アン》 parapluie.《パらプリュイ》

P Et《エ》 demain,《ドゥマン》 il y《イリ》 aura《オら》 aussi《オッスィ》 du《デュ》 vent.《ヴァン》

M Vous《ヴ》 êtes《ゼット》 de《ドゥ》 la《ラ》 région《れジィヨン》 ?

P Non,《ノン》 de《ドゥ》 Paris.《パり》

Je《ジュ》 suis《スュイ》 en《アン》 vacances.《ヴァカンス》

男性　いい天気ですね！

パスカル　ええ．でも今晩から雨になるでしょう．

男性　あれ，そうですか？　じゃあ，傘を持っていくことにしますよ．

パスカル　明日は，風も出るでしょう．

男性　この地方の方ですか？

パスカル　いいえ，パリです．休暇中なんです．

Il fait beau !	いい天気ですね！

天候表現をいくつか覚えておきましょう．

Il fait chaud.　［イル フェ ショ］　暑い

Il fait froid.　［イル フェ フろワ］　寒い

Il fait doux.　［イル フェ ドゥ］　暖かい

Il fait mauvais.　［イル フェ モヴェ］　天気が悪い

il va pleuvoir.	雨になるでしょう

je vais prendre un parapluie.	傘をもっていくことにします

va, vais ＜動詞 aller「行く」（→ p.124）．aller の後に不定詞が続くと近い未来（「～するだろう，～するつもりだ」）を表わします（→ p.123）．prendre は「持っていく」．

il y aura aussi du vent.	風も出るでしょう．

il y aura は il y a「～がある」の単純未来形（→ p.131）．du vent「風」の du は部分冠詞（→ p.125）．

de la région	その地方の出身

前置詞 de はここでは出身を表わします．本文の Non, de Paris. は，「いいえ，パリ出身です」という意味です．

Je suis en vacances.	私は休暇中です

前置詞 en は「～の最中です」という状態を表わすほかに，女性名詞の国名とともに方向を表わしたり（Je vais en France.「私はフランスに行く」）や時を表わすこともあります（Je suis né en 1958.「僕は 1958 年に生まれた」）．

いろいろな表現

Track 59

◎うまく相づちを打とう！

相づちを上手に打てると会話がはずみます．一般的な

Je vois. [ジュ ヴォワ]「わかります」
Oui, c'est ça. [ウィ セ サ]「ええ，そうです」

と言ったものから，少々断定的な

Oui, bien sûr. [ウイ ビヤン スュール]「ええ，もちろん」

あるいはちょっと意外や驚きを表す

Ah bon ? [ア ボン]「ええ，そうですか？」（本文）
C'est pas vrai ! [セパヴれ]「嘘でしょう」
等がよく使われます．

言葉に詰まったら，

Comment dire ? [コマン ディーる] あるいは Comment dirais-je ?
[コマン ディれ ジュ]「何と言えばいいか？」と言って次の言葉を考えましょう．

◎予定や目的を述べる

aller ＋不定詞（→ p.123）は，予定（～するつもりです）や目的（～しに行きます）を表わします．

Je《ジュ》 vais《ヴェ》 vous《ヴ》 téléphoner《テレフォネ》 cet《セ》 après-midi《タプれミディ》.
今日の午後あなたに電話するつもりです．

On《オン》 va《ヴァ》 jouer《ジュエ》 au《オ》 tennis《テニス》 ? テニスをしに行こうか？

◎出身を尋ねる

être の後に de ＋ 国・地名がくると，「～の出身です」となります．

- Vous《ヴ》 êtes《ゼット》 de《ドゥ》 Tokyo《トキオ》 ? あなたは東京出身ですか？
- Non《ノン》, de《ドゥ》 Yokohama《ヨコアマ》. いいえ，横浜出身です．

シャンタル・アケルマン

ベルギー生まれの女性監督シャンタル・アケルマン（Chantal Ackerman）の『ジャンヌ・ディエルマン　ブリュッセル 1080，コメルス河畔通り 23 番地』*Jeanne Dielman, 23 Quai du Commerce, 1080 Bruxelles*（1975）は，3 時間以上にわたり，ブリュッセルのアパルトマンに住む一人の主婦 / 母 / 娼婦である女性の日常を映し続けながら，彼女の内面の孤独を際立たせてゆく伝説的な作品だ．商業映画では決してそのような形では描かれたことのなかった女性の日常の仕草に，映画的空間が与えられている．女性の仕草を愛すると言う監督の視点は，ジャンヌ役の女優デルフィーヌ・セリーグの身体を真正面から延々写し続ける長回しのカメラワークに表われている．その結果，観客は，ジャガイモの皮を剥いたり，息子と話したり，郵便局に行ったり，手紙を読んだりする彼女の様子をじっと見続けながら，日常を生きる「女の時間」を共有する．

しかし，地上から離れ浮上するエレベーター内のジャンヌの姿にはどこか現実から切り離された感じがつきまとう．彼女は自身の生を十分には生きていない．主婦 / 母そして娼婦という「女性的」役割をこなす中で彼女は自己喪失状態にあるようだ．題名に名前と住所が掲げられているにもかかわらず，彼女はそこに本当には存在していない．

彼女が主体を取り戻すのは，おそらく，映画の最後に娼婦の時を過ごしていたジャンヌが唐突に思いがけぬ行為を遂行する時だ。その行為は，観客を不意打ちする。けれど，それはたとえばヒチコックの『サイコ』でシャワーを浴びている女性が突然，何者かにより執拗に切り刻まれる場面を居心地の悪いものとして見ていた女性観客にとっては，理解可能な行為でもある。視覚的快楽の対象として美化されエロス化され，惨殺された主流映画のヒロインの側からの，それは異議申し立ての行為に見えてくるのだ。

会話練習

Track 60

Dialogue 9（日本語の部分をフランス語で言ってみましょう）

：**Bonjour Monsieur.**

：「（女性に）こんにちは．はがきを送りたいのですが」

：**C'est pour le Japon ?**

：「はい，そうです．いくらですか」

：**Une carte pour le Japon, ça fait 1 €.**

：「じゃあ，１ユーロの切手を４枚ください」

聞き取り練習

Track 61

Dialogue 10

：これは子供さんたちへのちょっとしたプレゼントです．

：まあ，ありがとうございます．

：どういたしまして．

：そんなにしていただかなくても！

：気に入られましたか？

：ええ．子供たちはチョコレート大好きなんです．

：それはよかった！

註　**les enfants** 子供たち

Track 62 Dialogue 11

- ちょっとお願いしてもいいですか？
- どうぞ．
- 日本人の友達にはがきを書いているのですが，日本語を直してくれますか？
- 喜んで．
- ありがとうございます．“（フランス語の）タンブル”は日本語ではどう言いますか？
- 切手です…　わかりましたか？
- いいえ，わかりません．もう一度言ってくれますか？

註　**demander un service** お願いする；**je suis en train de** ～私は～しているところです；**japonais** 日本語；**aimable** 親切な

Track 63 Dialogue 12

- 天気悪いですね．
- 本当ですね．天気よくないですね．
- 今晩は雨になるでしょう．
- じゃあ，傘を持っていくことにします．
- 明日は，風が出るでしょう．
- この地方をよく知ってますね．
- いやあ！　少しだけです．

註　**C'est vrai.** 本当だ；**Il ne fait pas beau.** 天気がよくない；**vous connaissez bien** あなたはよく知っている

（→解答は p.105）

Dialogue 13

この絵はどう思います？

Que pensez-vous de ce tableau ?

Track 64

Françoise **Excusez《エクスキュゼ》-moi《モワ》, je《ジュ》 suis《スュイ》 en《アン》 retard《るタール》.**

Jacques **Ça《サ》 ne《ヌ》 fait《フェ》 rien《りヤン》. Je《ジュ》 viens《ヴィヤン》 d’arriver《ダりヴェ》.**

F **Alors《アロール》, où《ウ》 allons《アロン》-nous《ヌ》 maintenant《マントゥナン》 ?**

J **Si《スィ》 vous《ヴ》 voulez《ヴレ》, on《オン》 va《ヴァ》 visiter《ヴィズィテ》 le《ル》 musée《ミュゼ》 d’Orsay《ドるセ》.**

（美術館の中で絵を見て）

F **Que《ク》 pensez《パンセ》-vous《ヴ》 de《ドゥ》 ce《ス》 tableau《タブロ》 ?**

J **Il est《イレ》 très《トれ》 beau《ボ》, mais《メ》 je《ジュ》 préfère《プれフェーる》 celui-là《スリュイ ラ》.**

フランソワーズ　遅れてごめんなさい.

ジャック　いいんですよ. 僕も着いたばかりなんです.

フランソワーズ　さてと, どこに行きましょうか？

ジャック　もしよかったら, オルセー美術館に行きましょう.

（美術館の中で絵を見て）

フランソワーズ　この絵はどう思います？

ジャック　とてもきれいですが, あちらの絵の方が好きです.

je suis en retard.	私は遅れました

être en retard は「遅れる」という熟語です．

Je viens d’arriver.	僕も着いたばかりなんです

Je viens ＜動詞 venir「来る」．venir の後に de ＋不定詞が続くと近い過去「〜したばかりだ」を表わします（→ p.125-126）．

Si vous voulez,	もしよければ

si は「もし〜ならば」という条件を表わします．vous voulez ＜助動詞 vouloir「〜を望む」（→ p.135）．

Que pensez-vous de ce tableau ?	この絵はどう思います？

vous pensez ＜動詞 penser「思う」．de ce tableau の de は「〜について」という意味（→ p.56，70，91 の動詞 croire，trouver も参照）．

je préfère celui-là.	あちらの方が好きです

動詞 préférer「〜の方が好き」を用いると二つのものを比較できます．指示代名詞の男性単数形 celui-ci「こちらのもの」と celui-là「あちらのもの」を使うと次のようになります．Je préfère celui-ci à celui-là.「私はあれよりもこれのほうが好きです」．

いろいろな表現

Track 65

◎どう思いますか？

規則動詞 trouver（→ p.56）と penser を使った表現をもう少し練習しておきましょう．余裕のある人は croire que「～と思う」（→ p.91）も参照．

- Comment《コマン》 trouvez《トるヴェ》-vous《ヴ》 la《ラ》 vie《ヴィ》 à《ア》 Tokyo《トキオ》 ?

  東京での生活をどう思いますか？

- Je《ジュ》 trouve《トるーヴ》 que《ク》 c'est《セ》 très《トれ》 cher《シェーる》.

  とても（物価が）高いと思います．

- Qu'est-ce《ケス》 que《ク》 tu《テュ》 penses《パンス》 de《ドゥ》 ce《ス》 projet《プろジェ》 ?

  この計画どう思う？

- Pardon《パるドン》, mais《メ》 je《ジュ》 pense《パンス》 à《ア》 autre《オトる》 chose《ショーズ》.

  ごめん，いま別のことを考えてるんだ．

◎～のような気がする

ここでは印象などを述べる場合の言い方を覚えましょう．

Ça《サ》 me《ム》 semble《サンブル》 assez《アッセ》 grand《グらン》.

それはかなり大きい気がします．

J'ai《ジェ》 l'impression《ランプれスィオン》 que《ク》 c'est《セ》 fermé《フェるメ》 le《ル》 lundi《ランディ》.

そこは月曜は休みのような気がします．

On《オン》 dirait《ディれ》 que《ク》 les《レ》 personnages《ぺるソナージュ》 sont《ソン》 vivants《ヴィヴァン》.

（絵を見て）人物がまるで生きているようです．

エデン・シネマ

仏領インドシナに生まれ育ち，18歳でフランスに戻った作家マルグリット・デュラス（Marguerite Duras）の戯曲に『エデン・シネマ』(1977) という作品がある。エデン・シネマとは，ハノイ，サイゴンなどの都市に実在したフランス資本の映画館の名前だ。デュラスがサイゴン近くに滞在していた時期は，主にフランス映画とアメリカ映画を上映していた。白人植民社会の最下層に位置し差別を受けていたデュラスは，映画館の暗闇に安息を求めたのかもしれない。映画館の暗闇は「オアシス」であり「すべての屈辱が癒され，絶望が消えてゆく」夜を与えてくれたと自伝的小説『太平洋の防波堤』には書かれている。映画館の暗闇は，デュラスにとって母の記憶と結びつく空間でもあった。戯曲『エデン・シネマ』では，無声映画のピアノ伴奏をする母の傍らで眠る兄と妹の姿が描かれている。戯曲内で頻繁に使われる「エデンの夜」という言葉は，後に植民地行政の腐敗がもたらす悲劇を知る以前の，母と過ごした無垢な時代の象徴だ。映画『インディア・ソング』のヒロイン，アンヌ・マリー・ストレッテルには，そんなデュラスの「理想の母親像，女性像」が投影されている。

『インディア・ソング』
写真協力　(財)川喜多記念映画文化財団

Dialogue
14

お仕事は何ですか？

Qu’est-ce que vous faites ?

Track 66

M. Sato **Qu’est-ce《ケスク》 que vous《ヴ》 faites《フェット》 ?**

M. Dupont **Je《ジュ》 suis《スュイ》 commercial《コメるスィアル》 chez《シェ》 Dupont《デュポン》. Et《エ》 vous《ヴ》 ?**

S **Employé《アンプロワィエ》 de《ドゥ》 banque《バンク》.**

D **Ah《ア》 bon《ボン》 ? J’ai《ジェ》 travaillé《トらヴァイェ》 pour《プーる》 la《ラ》 BNP《ベエヌペ》 pendant《パンダン》 5 (cinq)《サンカン》 ans.**

S **Je《ジュ》 suis《スュイ》 en《アン》 France《フらンス》 pour《プーる》 trois《トろワ》 ans《ザン》.**

D **Où《ウ》 est-ce《エス》 que《ク》 vous《ヴ》 habitez《ザビテ》 ?**

S **Dans《ダン》 le《ル》 quartier《カるティエ》 de《ドゥ》 l’Opéra《ロペら》.**

佐藤　お仕事は何ですか？
デュポン　デュポン社の営業マンです．あなたは？
佐藤　銀行員です．
デュポン　ああそうでしたか．私も５年間パリ国立銀行で働いていました．
佐藤　フランスへは３年の予定で来ました．
デュポン　どちらにお住まいですか？
佐藤　オペラ座界隈です．

Qu'est-ce que vous faites ?	お仕事は何ですか？

他に Quel est votre métier ?［ケ レ ヴォトる メティエ］も同じ意味で用いられます．Qu'est-ce que については（→ p.42）を参照．

chez Dupont	デュポン社で

前置詞 chez の用法を覚えましょう．

chez ＋人名　：chez M. Dupont デュポンさん宅で

chez ＋会社名：chez Sony ソニー社で

chez ＋職業名：chez le coiffeur［シェ ル コワフゥーる］理容室で

J'ai travaillé pour la BNP	パリ国立銀行で働きました

J'ai travaillé は規則動詞 travailler「働く」の複合過去形（→ p.128）．

la BNP は la Banque Nationale de Paris「パリ国立銀行」の略．

pendant 5 ans	5 年間	**pour trois ans**	3 年間の予定で

いずれも期間を表わす表現です（→ p.74）．

Où est-ce que vous habitez ?	どちらにお住まいですか？

疑問詞 où と est-ce que を用いた疑問文です（→ p.113）．

いろいろな表現

Track 67

◎滞在予定や経歴・経験を語る

今後の予定を尋ねる時は pour ＋期間を使います.

- Vous《ヴ》 êtes en《ゼッタン》 France《フランス》 pour《プゥーる》 combien《コンビヤン》 de《ドゥ》 temps《タン》 ?

フランスへはどのくらいの予定ですか？

- Je《ジュ》 suis《スュイ》 à《ザ》 Paris《パり》 pour《プーる》 deux《ドゥ》 ans《ザン》.

私は２年の予定でパリに来ました.

pendant ＋期間は今までの経験を述べる時に用います.

J'ai《ジェ》 étudié《エテュディエ》 le《ル》 français《フランセ》 pendant《パンダン》 deux《ドゥ》 ans《ザン》.

私は２年間フランス語を勉強しました.

déjà「もうすでに」や ne ... pas encore「まだ〜していない」も経験を伝えるときの言い方です.

- Vous《ヴ》 avez《ザヴェ》 déjà《デジャ》 mangé《マンジェ》 ?

食事はもうなさいましたか？

- Non,《ノン》 nous《ヌ》 n'avons《ナヴォン》 pas encore《パザンコーる》 mangé《マンジェ》.

いいえ．私たちはまだ食事をしていません.

最後に fois［フォワ］「回」を用いた言い方も知っておきましょう.

Je《ジュ》 vous《ヴ》 ai《ゼ》 téléphoné《テレフォネ》 trois《トろワ》 fois《フォワ》.

私はあなたに３回電話しました.

コリーヌ・セロー

コリーヌ・セロー（Coline Serreau）監督の『女はみんな生きている』*Chaos*（2001）は，人種・階級を越えて，妻・母・娘を蔑ろにする男社会に挑む女たちの共闘を描く秀作だ。冒頭は，パリの白人ブルジョワ夫妻の物語として始まる。しかし，映画の焦点は，やがて妻が偶然出会うアルジェリア人娼婦の抑圧と解放の物語へと移行する。娼婦は，性的搾取と暴力により声を失うが，フランス人の妻 / 主婦に助けられ，向かった海辺の居心地の良い家で，老女から心優しいもてなしを受け，失われた声を取り戻す。そして彼女自身の声によって，故国アルジェリアの父権社会の恐怖，南仏のアルジェリア系移民の貧困と女性差別，移民女性を搾取するギャングの組織的犯罪を語りだす。そこから，映画は一気に女たちの抑圧から解放への物語に向かう。フランス映画伝統のギャング映画，ブルジョワ家庭劇，恋愛劇を支えていた男性中心主義的規範《コード》が，フランス人ブルジョワ女性とアルジェリア人女性の視点から見事に解体・再構築されるのだ。そして女たちは生気を取り戻し，男たちはぼろぼろになる。

『女はみんな生きている』4,700 円（本体）
発売：アスミック

Dialogue 15

予約しています

J'ai réservé.

Track 68

M. Sato **Bonjour《ボンジューる》. J'ai《ジェ》 réservé《れぜるヴェ》. Je《ジュ》 suis《スュイ》 Monsieur《ムスィュ》 Sato《サト》.**

La《ラ》 réceptionniste《れセプスィオニスト》 **Un《アン》 instant《ナンスタン》, s'il《スィル》 vous《ヴ》 plaît《プレ》.**

Oui《ウィ》. Voulez《ヴレ》-vous《ヴ》 remplir《らンプリール》 cette《セット》 fiche《フィッシュ》 ?

S **Voilà《ヴォワラ》.**

R **Merci《メるスィ》. Voilà《ヴォワラ》 votre《ヴォトる》 clé《クレ》.**

La《ラ》 chambre《シャンブる》 est《エ》 au《ト》 cinquième《サンキエム》 étage《エタージュ》.

L'ascenseur《ラサンスーる》 est《エト》 au fond《フォン》 du《デュ》 couloir《クロワーる》.

佐藤　こんにちは．予約しています．佐藤です．

フロント係　しばらくお待ちください．

はい，このカードに記入していただけますか？

佐藤　はいどうぞ．

フロント係　ありがとうございます．お部屋の鍵です．

お部屋は６階になります．

エレベータは廊下の奥にあります．

J'ai réservé.	予約しています

J'ai réservé は規則動詞 réserver「予約する」の複合過去形（→ p.128-129）．複合過去の用法はこの課の文法編で解説してあります．

Un instant, s'il vous plaît.	しばらくお待ちください

ちょっと待ってもらうときには un instant，un moment「しばらく」などが一般的です（→ p.78）

Voulez-vous remplir cette fiche ?	このカードに記入していただけますか？

動詞 vouloir「〜したい」の命令形を使って Veuillez remplir ...［ヴィエらンプリーる …］と言えばさらに丁寧になります．cette は指示形容詞の女性単数形（→ p.117）．

La chambre est au cinquième étage.	お部屋は 6 階になります

前置詞 à は場所を表わします．le cinquième étage は文字通りに言えば「第五の階」ですが，フランスでは「1 階」のことを le rez-de-chaussée［ル れドゥショセ］と呼ぶため，le cinquième étage は「6 階」を指します．

いろいろな表現

Track 69

◎相手に待ってもらう

少しの間なら本文のように Un instant (Un moment), s'il vous plaît. が一般的でしょう．もし自分がその場を離れ，「しばらくお待ちください．2・3 分で戻りますから」と言いたいときは次の表現が適当でしょう．

Attendez《アタンデ》 un《アン》 peu《プ》. Je《ジュ》 reviens《るヴィヤン》 dans《ダン》 quelques《ケルク》 minutes《ミニュット》.

Attendez ＜動詞 attendre「待つ」の命令形，Je reviens ＜動詞 revenir「戻る」．

相手が急いでいるように思ったら，次のように言ってあげましょう．

Voulez《ヴレ》-vous《ヴ》 patienter《パスィアンテ》 un《アン》 instant《ナンスタン》 ?
しばらくご辛抱ください．

電話の取り次ぎで相手に待ってもらう時は特別な言い方をします．

- Je《ジュ》 voudrais《ヴドれ》 parler《パるレ》 à《ア》 Monsieur《ムスィユ》 Dupont《デュポン》, s'il《スィル》 vous《ヴ》 plaît《プレ》.
デュポンさんと話がしたいのですが．
- Bien《ビヤン》, Monsieur《ムスィユ》. Ne《ヌ》 quittez《キテ》 pas《パ》.
かしこまりました．そのままお待ちください．

EU以後のフランス映画

欧州委員会が1989年より開始した「エラスムス計画」は，ルネッサンスの思想家エラスムスの精神にのっとり，欧州内で留学生を交換するプロジェクトだ．セドリック・クラピシュ（Cédric Klapisch）監督の『スパニッシュ・アパートメント』*L'Auberge Espagnole*（2002）は，この留学生制度でフランスからスペインのバルセロナに留学する25歳のフランス人青年を主人公に，同じアパートに住むイタリア，ドイツ，イギリス，デンマーク，スペイン，ベルギーからの留学生たちと繰り広げる青春群像を暖かいユーモアで描く．イギリスから姉の元にやってきたダメ弟を道化役に，それぞれの国に対する偏見やステレオタイプを覆す点に，映画の一つの主眼があるようだ．もう一つの主眼は，ナショナル・アイデンティティを越えた，新たなヨーロッパ人としてのアイデンティティの模索だ．主人公の青年がフランスに帰国後，目指していた官庁エリートの職を棄て，作家になることを決意するラストにそれが示される．彼の顔写真と彼がスペインで出会った国籍の異なる多様な留学生，外国人の顔写真が様々にコラージュされ，解体・融合する場面に，言語・文化・歴史的差異を越えた新しいヨーロッパ人の誕生というユートピア的未来が示される．EU以後のフランス映画の一つの傾向を示す作品だ．

『スパニッシュ・アパートメント』
(ullstein bild)

Dialogue

16

サイズはいくつですか？

Vous faites quelle taille ?

Track 70

Pascale **Je《ジュ》 voudrais《ヴドれ》 essayer《エセイェ》 cette《セット》 jupe《ジュップ》.**

Le《ル》 vendeur《ヴァンドゥーる》 **Vous《ヴ》 faites《フェット》 quelle《ケル》 taille《ターィユ》 ?**

P **40 (quarante《キャらント》).**

V **Alors《アローる》, elle《エル》 sera《スら》 trop《トろ》 petite《プティット》. Je《ジュ》 vais《ヴェ》 regarder《るギャるデ》 ...**

P **Non《ノン》 merci《メるスィ》. Je《ジュ》 voudrais《ヴドれ》 plutôt《プリュト》 essayer《エセイェ》 la《ラ》 bleue《ブル》 qui《キ》 est《エ》 en《タン》 vitrine《ヴィトりヌ》.**

V **Elle《エル》 vous《ヴ》 va《ヴァ》 très《トれ》 bien《ビヤン》.**

P **Bon《ボン》. Je《ジュ》 la《ラ》 prends《プらン》.**

パスカル　このスカートを試着したいのですが.

店員　サイズはおいくつですか？

パスカル　40 です.

店員　それだと小さすぎます.（他を）見てまいります…

パスカル　いいえ結構です．それよりショーウインドーにある青いのを試着してみます.

店員　とてもよくお似合いです.

パスカル　いいです．これにします.

Vous faites quelle taille ?	サイズはおいくつですか？

quelle taille「どんなサイズ」の quelle は疑問形容詞の女性単数形です（→ p.42）．サイズを尋ねるときは Vous faites du combien ?「サイズはおいくつですか」とも言えますが，その場合，答えは Du 40.「サイズは 40 です」のように部分冠詞の男性形 du が必要になります．

elle sera trop petite.	それは小さすぎるでしょう

sera は動詞 être「〜です」の単純未来形（→ p.131）．

Je voudrais plutôt essayer la bleue qui est en vitrine.	むしろショーウィンドーにある青いのを試着してみたい

plutôt は「むしろ」の意味です．essayer は洋服などを「試着する」ときに用います．qui は関係代名詞（→ p.130）．

Elle vous va très bien.	それはとてもよくお似合いです

elle va ＜動詞 aller「行く」には「〜に似合う，都合がいい」という意味があります（→ p.38）．vous は「あなたに」の意味です．

Je la prends.	これを買います

動詞 prendre にはたくさんの意味があります（→ p.20，46，62，88，96）．目的語代名詞の la は前に出た名詞 la bleue「青いの（＝スカート）」を受けています．

いろいろな表現

Track 71

◎サイズを言う

服のサイズは本文のように Vous faites quelle taille ? と尋ねます．女性用の 40 号は日本の 11 号になります．taille は身長を尋ねる時にも使えます．

Quelle est《ケレ》 votre《ヴォトる》 taille《ターィユ》 ?　身長はどれくらいですか？

靴や帽子などのサイズは pointure を用います．

Vous《ヴ》 faites《フェット》 quelle《ケル》 pointure《ポワンチューる》 ?

靴のサイズはどれくらいですか？

サイズが小さかったり合わないときの表現も覚えておきましょう．

- C'est《セ》 bien《ビヤン》 comme《コム》 ça《サ》 ?　これでいいですか？
- C'est《セ》 trop《トろ》 petit《プティ》.　これは小さすぎます．

- Ça《サ》 va《ヴァ》 comme《コム》 ça《サ》 ?　これでどうでしょうか？
- Non《ノン》, ça《サ》 (ne)《（ヌ）》 va《ヴァ》 pas《パ》.　これじゃだめです．

話しことばではしばしば否定の ne が落ちます．

女優たちの輪舞《ロンド》

若き日に『シェルブールの雨傘』(1964) や『ロシュフォールの恋人たち』(1967) でミュージカルを演じたカトリーヌ・ドヌーヴが，半世紀を経て，大女優の余裕と貫禄でシャンソンを歌う．真っ赤なドレスの大柄なファニー・アルダンが，ハリウッド映画『ギルダ』のリタ・ヘイワースがそうしたように官能的に手袋を脱ぎながらハスキーな歌声を聴かせる．冷感症的に抑圧された役柄を演じてきたイザベル・ユペールが鮮やかな美女に変身を遂げる．ブニュエルの『小間使いの日記』(1964) のパロディ的メイド役のエマニュエル・ベアールがエプロンから監督が小さい頃好きだった女優ロミー・シュナイダーの写真を落とす——

フランス映画の艶やかな花を集めた『８人の女たち』*Huit Femmes* (2002) は，さまざまな映画的引用に満ちた楽しいミュージカル仕立てのミステリー劇である．戦前からの大女優ダニエル・ダリューもドヌーヴの母親役で出演している．時代設定は 1950 年代．女優たちが最も美しかった時代，色彩豊かなテクニカラー全盛の時代だ．豪華な衣装に身を包み自分たちが演じてきた役柄やイメージと軽やかに戯れる女優たちの競演は，近年低迷気味のフランス映画を華やかに彩った．

『８人の女たち　デラックス版』
3,800 円(本体)
発売元：アーティストフィルム／ショウゲート
販売元：ジュネオンエンタテイメント

聞き取り練習

Track 72

Dialogue 13

: 遅れてごめんね.

: いいよ．僕も着いたばかりなんだ.

: さてと，どこに行きましょうか？

: もしよかったらルーヴル美術館に行こう.

（ルーヴル美術館の中で）

: この絵はほんとうに素晴らしいわ．どう思う？

: 素晴らしい！　でも僕はあちらの絵の方が好きだ.

註　**C'est pas grave.** たいしたことないよ（否定の **ne** が落ちています）；**cette peinture** この絵；**extraordinaire** 素晴らしい；**trouver** 思う（→ **p.70**）；**celle-là** あちらのもの（女性名詞 **peinture** を受けています）

Track 73

Dialogue 14

: お仕事は何ですか？

: ソニー社の営業マンです．あなたは？

: デュポン社の人事部長です.

: そうでしたか．私も４年間デュポン社で働いていました.

: 日本へは２年の予定で来ました.

: どちらにお住まいですか？

: 青山です.

: デュラン（**Durand**）さんをご存じですか？

: いいえ，どなたですか？

: フランス人の友人の一人なんです.

註　**commercial** 営業係；**directeur du personnel** 人事部長；**connaissez** < **connaître** 知っている（→ **p.24**）；**un de mes amis français** 私のフランス人の友人の一人

Track 74 Dialogue 15

：こんにちは．予約しています．

：（男性に対して）こんにちは．お名前は？

：ポール・ディディエ（**Paul Didier**）です．

：しばらくお待ちください．はい，お部屋は 220 号です．

：部屋にテレビはありますか？

：もちろんです．全室に浴室とテレビが備えつけられています．

註 **Quel est votre nom ?**（→ **p.24**）；**220 = deux cent vingt; Bien sûr** もちろん；**Toutes nos chambres** 私たちの全ての部屋；**sont équipées de** ～が備えつけてある；**salles de bains** 浴室

Track 75 Dialogue 16

：（女性に対して）こんにちは．このコートを試着したいのですが．

：サイズはおいくつですか？

：40 です．

：それだと小さすぎます．見てまいります．

申し訳ありません．でも別の型ならあります．試されますか？

：いいえ結構です，また考えてみます．さようなら．

註 **ce manteau** このコート；**Je suis désolée.** すみません；**autre** 別の；**Vous voulez** ～しますか？；**Je vais réfléchir.** 考えてみます（買わずに出てくる時に使います）

（→解答は **p.106**）

Dialogue 17

やめてください！

Laissez-moi tranquille !

Track 76

Un《アン》 *homme*《ノム》 **Je**《ジュ》 **peux**《プ》 **rester**《れステ》 **avec**《アヴェク》 **vous**《ヴ》 **?**

Pascale **Je**《ジュ》 **n'ai**《ネ》 **pas**《パ》 **le**《ル》 **temps**《タン》**.**

H **Juste**《ジュスト》 **un**《アン》 **peu**《プ》**.**

P **Laissez**《レッセ》**-moi**《モワ》 **tranquille**《トらンキル》**.**

H **Allons**《アロン》**,** **ne**《ヌ》 **vous**《ヴ》 **fâchez**《ファシェ》 **pas**《パ》**.**

Vous《ヴ》 **êtes en**《ゼッタン》 **vacances**《ヴァカンス》 **?**

P **Si**《スィ》 **vous**《ヴ》 **continuez**《コンティニュエ》**,** **j'appelle**《ジャペル》 **au**《オ》 **secours**《スクーる》**.**

H **Dommage**《ドマージュ》**.** **Vous**《ヴ》 **aviez**《ザヴィエ》 **l'air**《レーる》 **sympa**《サンパ》**.**

（通りで一人の男性が女性に近づいて）

男性　ご一緒していいですか？

パスカル　時間がありませんから.

男性　ちょっとだけ.

パスカル　やめてください.

男性　まあまあ, 怒らないでくださいよ. ヴァカンスですか？

パスカル　それ以上続けたら人を呼びますよ.

男性　残念だなあ. 感じいい人のように見えたのに.

Je peux rester avec vous ?	ご一緒してよろしいでしょうか？

Je peux ＜助動詞 pouvoir「できる」. pouvoir を使ったお願いの表現は Dialogue 11 の「いろいろな表現」（p.60）を参照.

Juste un peu.	ちょっとだけ

juste「～だけ」は un peu「少し」を強調しています.

Allons, ne vous fâchez pas.	まあまあ，怒らないでくださいよ

Allons は動詞 aller「行く」の命令形（→ p.117）ですが，ここでは間投詞のように用いられています．vous fâchez は代名動詞 se fâcher［スファシェ］「怒る」の命令形（→ p.134）.

Si vous continuez, j'appelle au secours.	もし続けるのなら， 私は助けを呼びます

si は条件「もし～ならば」を表わします．continuez ＜規則動詞 continuer「続ける」．appeler au secours は「助けを呼ぶ」の意味ですが，Au secours !「助けて！」だけでも使うことができます.

Vous aviez l'air sympa.	あなたは感じいい人のように見えた

aviez l'air は avoir l'air「～に見える」の半過去形（→ p.131-132）. sympa「感じがいい」は sympathique の省略形で，話しことばでよく用いられます.

いろいろな表現

Track 77

◎念を押す

本文に出てくる命令形 Laissez-moi tranquille.「やめてください」をさらに念を押して相手に伝えたければ，Je vous dis de ＋不定詞の言い方になります.

Je《ジュ》 vous《ヴ》 dis《ディ》 de《ドゥ》 me《ム》 laisser《レセ》 tranquille《トらンキル》 !

やめてって言ってるんですよ.

◎～すれば

Si で文を始めると条件を述べることができます（p.69 の Si vous voulez「あなたがよければ」を参照）.

Si《スィ》 vous《ヴ》 prenez《プるネ》 un《アン》 taxi《タクスィ》, vous《ヴ》 arriverez《ザりヴれ》 plus《プリュ》 vite《ヴィット》.

タクシーに乗れば，もっと早く着けるでしょう.

Dialogue 2 のような場所を尋ねられたときの説明としても有効です.

Si《スィ》 vous《ヴ》 tournez《トゥるネ》 à《ア》 droite《ドろワット》, vous《ヴ》 trouverez《トるヴれ》 la《ラ》 poste《ポスト》.

右に曲がったら，郵便局が見つかりますよ.

vous arriverez，vous trouverez は規則動詞 trouver，arriver の単純未来形→p.131）.

ダルデンヌ兄弟の映画

ベルギーの工業地帯であり労働闘争が盛んだったリエージュ近郊に育ったジャン・ピエール＆リュック・ダルデンヌ兄弟（Jean-Pierre et Luc Dardenne）は，原子力発電所で働いた資金で機材を買い労働者階級の団地に住み込み，土地整備や都市計画の問題を扱うドキュメンタリーから映画製作を始めた．レジスタンス活動，ゼネスト，ポーランド移民といった政治・社会的問題を扱ってきた彼らは，劇映画においても貧困，家庭崩壊，低賃金労働，失業，少年犯罪といった主題に焦点をあてる．若年《じゃくねん》貧困層の厳しい現実をドキュメンタリストの視線で描き再生への祈りをこめた『ロゼッタ』（1999）と『ある子供』*L'Enfant*（2005）は共にカンヌ国際映画祭でパルム・ドールを受賞した．幼い息子を殺された父親が加害者の少年と出会い葛藤する姿を描く『息子のまなざし』（2002）もカンヌ国際映画祭主演男優賞を受賞した．『ある子供』は職も寝場所もなく小さな盗みを繰り返す青年が子供の誕生を契機に改悛へと至る過程を丹念に描く．荒涼とした町を背景にパンを齧り，携帯一つを握り締め彷徨う若者の姿が痛々しい．ブレッソンを思わせる即物的な描写には虚飾がない．ただ，労働は常に希望につながるという野太い信念だけがある．

『ある子供』
3,800円(本体) BBBF-6520
発売元：スタイルジャム
販売元：㈱ハピネット

Dialogue 18

あなたは何語を話しますか？

Quelles langues parlez-vous ?

Track 78

Mme Sato **Vous《ヴ》 êtes《ゼット》 de《ドゥ》 quelle《ケル》 nationalité《ナスィオナリテ》 ?**

M. Fouché《フシェ》 **Je《ジュ》 suis《スユイ》 français.《フらンセ》 Et《エ》 vous《ヴ》 ?**

S **Japonaise.《ジャポネーズ》 Quelles《ケル》 langues《ラング》 parlez《パるレ》-vous《ヴ》**
à《ア》 part《パーる》 le《ル》 français《フらンセ》 ?

F **L'espagnol《レスパニョル》 et《エ》 l'anglais.《ラングレ》**

S **L'espagnol《レスパニョル》 est《エ》 plus《プリュ》 parlé《パるレ》 que《ク》 le《ル》 français《フらンセ》 ?**

F **Oui,《ウィ》 je《ジュ》 crois《クろワ》 qu'il est《キレ》 plus《プリュ》 parlé.《パるレ》**

佐藤　お国はどちらですか？
フシェ　フランス人です．あなたは？
佐藤　日本人です．フランス語以外に何語を話しますか？
フシェ　スペイン語と英語です．
佐藤　スペイン語はフランス語よりも多く話されていますか？
フシェ　はい，フランス語よりも話されていると思います．

Vous êtes de quelle nationalité ?	お国はどちらですか？

de quelle nationalité「どこの国籍」. Vous êtes de quel pays ? [ヴゼット ドゥ ケル ペイ]「どこの国の方ですか？」もよく使われます.

Quelles langues parlez-vous à part le français ?	フランス語以外に何語を話しますか？

langues「言語」が女性名詞の複数形なので，疑問形容詞 quelles「何，どの」も女性複数形になります．à part は「～以外」という熟語です.

L'espagnol est plus parlé que le français	スペイン語はフランス語よりも多く話されている

L'espagnol est parlé「スペイン語は話される」は受身文と呼ばれます（→ p.133）．plus ～ que ... は「…よりも～だ」という比較を表わす表現（→ p.92）．plus の後には形容詞や副詞がきます.

je crois que	私は～と思います

確信はあまりないが，個人的な見解を述べたいときに使います．je crois ＜動詞 croire「思う」（→ p.56，69，70 の動詞 penser，trouver も参照）.

il est plus parlé	それはより多く話されている

il は l'espagnol「スペイン語」を受けます．反対は moins [モワン]「～ほどではない，より少ない」と言います.

いろいろな表現

Track 79

◎比較級

日常会話でそれほどよく使うわけではありませんが，知っておいて損はないでしょう．「～よりも…だ」は plus ＋形容詞（副詞）＋ que となり，反対に「～ほど…ではない」は moins を使います．

L'espagnol《レスパニョル》 est《エ》 plus《プリュ》 facile《ファスィル》 que《ク》 le《ル》 français.《フらンセ》

スペイン語はフランス語よりも簡単です．

Je《ジュ》 voudrais《ヴドれ》 quelque《ケルク》 chose《ショーズ》 de《ドゥ》 moins《モワン》 cher.《シェーる》

もっと値段の高くないもの（安いもの）が欲しいのです．

bon「よい」と bien「上手に」は「より良い」「より上手く」というときに，それぞれ特殊な比較形 meilleur [メイューる]，mieux [ミュウ] になります．

Je《ジュ》 parle《パるル》 mieux《ミュウ》 anglais《アングレ》 que《ク》 français.《フらンセ》

私はフランス語よりも英語のほうが上手く話せる．

◎最上級

形容詞の最上級は le（la, les）plus ＋形容詞＋ de になります．

C'est《セ》 le《ル》 meilleur《メイューる》 restaurant《れストらン》 de《ドゥ》 la《ラ》 ville.《ヴィル》

それは町で一番いいレストランです．

le meilleur は bon「よい」の最上級．

パリ・オペラ座の星たち

エトワールとはパリ・オペラ座最高位のダンサーに与えられる名誉ある呼称である．カドリーユ，スジェ，コリフェ，プルミエ・ダンスール / ダンスーズと上がってゆく階級は，バレエ団員にのみ許される昇格試験によって獲得できる．しかし，エトワールは特例で，昇格試験ではなく芸術監督の推薦を元にオペラ座総裁によって任命される．このエトワールを目指して日々ダンサーたちが競いあう．そこは競争原理で成り立つ社会だ．原題 *Tout près des étoiles : Les danseurs de l'Opéra de Paris* が示すごとく，映画『エトワール』（2000）に登場するオペラ座のダンサーたちは，エトワールに「一番近い場所」で頂点を目指す．少女時代より厳しいレッスンを日常と心得，遥かな星を夢見て生きてきたものだけが持ちえる強靱さが，彼女たちの身体，表情，声から発せられている．『田舎の日曜日』（1984）や社会派の映画『今日から始まる』（1999）で知られるベルトラン・タヴェルニエの息子である若きニルス・タヴェルニエ監督は，彼女たちの踊る姿と日常に戻った時の素顔や葛藤，悩みを丁寧に記録する．撮影は 1999 年に行なわれた．ナポレオン三世統治下，パリ改造計画の一環として建設されたガルニエ宮の舞台裏に初めてカメラが入った作品である．フランスが誇る文化財の記録フィルムとしても貴重だ．

『エトワール　デラックス版』
4,700 円（本体）
発売元：CK エンタテイメント
販売元：ジュネオンエンタテイメント

Dialogue 19

週末にどこか出かけましょうか？

Si on partait en week-end ?

Track 80

Pascale **Si《スィ》 on《オン》 partait《パるテ》 en《アン》 week-end《ウィケンド》 ?**

Jacques **D'accord《ダコーる》. Où《ウ》 est《エ》-ce《ス》 que《ク》 tu《テュ》 veux《ヴ》 aller《アレ》 ?**

P **À《ア》 Avignon《アヴィニョン》. Il《イル》 faut《フォ》 réserver《れぜるヴェ》 un《アン》 hôtel《ノテル》.**

J **Tu《テュ》 veux《ヴ》 que《ク》 je《ジュ》 téléphone《テレフォンヌ》 ?**

P **Oui《ウィ》. C'est《セ》 très《トれ》 gentil《ジャンティ》.**

J **Combien《コンビヤン》 de《ドゥ》 nuits《ニュイ》 on《オン》 reste《れスト》 à《ア》 l'hôtel《ロテル》 ?**

P **Deux《ドゥ》. Vendredi《ヴァンドるディ》 soir《ソワーる》 et《エ》 samedi《サムディ》 soir《ソワーる》.**

パスカル　週末にどこか出かけましょうか？
ジャック　いいよ．どこへ行きたい？
パスカル　アヴィニョンへ．でもホテルを予約しなきゃ．
ジャック　僕が電話しようか？
パスカル　ええ．助かるわ．
ジャック　ホテルには何泊する？
パスカル　2泊．金曜日と土曜日の夜．

Si on partait en week-end? 週末にどこか出かけましょうか？

partait は動詞 partir「出かける」の半過去形．Si on ＋半過去形？で「〜しましょうか」と相手を誘う表現になります（→ p.136-137）．

Où est-ce que tu veux aller? 君はどこへ行きたい？

疑問詞 où「どこ」の後に疑問の est-ce que が続くと主語と動詞の倒置は起きません．tu veux ＜助動詞 vouloir「〜したい」（→ p.135）．vouloir の後には不定詞（ここでは aller）がきます．

il faut réserver un hôtel ホテルを予約しなければならない

il faut「〜しなければならない」は必要なことを伝える時の決まり文句です．後には不定詞が直接続きます（→ p.96）．

Tu veux que je téléphone? 僕が電話しようか？

Tu veux que ...「君は〜を望んでいる」では，接続詞 que の後の動詞は接続法（ここでは téléphone）になります（→ p.135）．

Combien de nuits 何泊

combien de ＋複数名詞は数や量がどれくらいになるのかを尋ねるときに使います．回数は combien de fois [コンビヤン ドゥ フォワ]「何回」と言います．

いろいろな表現

Track 81

◎～しなければならない

Il faut ＋不定詞「～しなければならない」とよく似た言い方に，助動詞 devoir［ドゥヴォワーる］＋不定詞があります．しかし devoir を使うと主語に従って動詞が活用します．

Tu《テュ》 dois《ドワ》 réserver《れぜるべ》 un《アン》 hôtel《ノテル》.

君はホテルを予約する必要がある．

tu dois は動詞 devoir の二人称単数の現在形．

Dialogue 1 の「いろいろな表現」には ce qu'il vous faut「あなたに必要なもの」という表現が出てきました．

C'est tout ce qu'il vous faut ?

あなたに必要なものはこれで全部ですか？（＝これだけでよろしいですか？）

Il faut que の後に文が続くときは動詞が接続法（→ p.135）になるので注意が必要です．

Il《イル》 faut《フォ》 que《ク》 je《ジュ》 prenne《プれンヌ》 un《アン》 taxi《タクスィ》.

私はタクシーに乗らなければならない．

je prenne は動詞 prendre「乗る」の一人称単数の接続法現在形．

5月革命

十代から映画を撮り続け恋人ニコと共演した『内なる傷跡』(1970)，アルジェリア戦争を主題にした『自由，夜』(1983)，急逝したニコに捧げた『ギターはもう聞こえない』(1991) で知られる伝説的監督フィリップ・ガレル (Philippe Garrel) の『恋人たちの失われた革命』*Les Amants Réguliers* (2005) は，1968 年 5 月革命に挫折した若者たちのその後を描く静かなノスタルジアに満ちた作品だ．演じているのはガレルの身近な人物である．主人公の 20 歳の詩人の青年役は息子ルイ・ガレルが演じる．ガレル自身も 68 年の革命時には 20 歳だった．革命を語る祖父役は父親モーリスが演じる．彫刻家志望の恋人，貧しい画家，退廃的生活を送るブルジョワ青年，精神を病む青年など 60 年代を彩る若者たちも，ガレルが教鞭をとるフランス国立高等演劇学校の生徒たちが演じる．40 年近く前の歴史を今そこに生きる若者たちの姿として再現する監督の視線は静謐《せいひつ》な優しさに満ちている．しかし，来日時，日仏文化センターで行なわれた座談会では，警察権力がいかに当時の若者たちを追い詰めたかを語ってやまない監督の姿があった．

冒頭の警官との衝突場面も終盤の警察の突然の来訪も派手なアクションは皆無で，適度なユーモアと洗練された白黒映像で描かれる．若者たちは静かに権力に追い詰められ，行き場をなくしてゆくのだ．

『恋人たちの失われた革命』
KKDS-399 4,800 円(本体)
発売元：IMAGICA TV
提供：ビターズ・エンド
販売元：紀伊國屋書店

Dialogue 20

もう行かなければなりません

Il faut que je parte.

Track 82

M. Dupont **Qu'est-ce**《ケス》 **qu'il**《キ》 **y**《リ》 **a ?**《ヤ》

Pascale **Je**《ジュ》 **voudrais**《ヴドれ》 **bien**《ビヤン》 **rester**《れステ》 **mais**《メ》 **il**《イル》 **faut**《フォ》 **que**《ク》 **je**《ジュ》 **parte.**《パるト》

D **Vous**《ヴ》 **avez**《ザヴェ》 **quelque**《ケルク》 **chose**《ショーズ》 **à**《ア》 **faire ?**《フェーる》

P **Oui.**《ウィ》 **Je**《ジェ》 **dois**《ドワ》 **faire**《フェーる》 **des**《デ》 **courses.**《クるス》

Ça《サ》 **vous**《ヴ》 **dirait**《ディれ》 **de**《ドゥ》 **venir**《ヴニーる》 **avec**《アヴェック》 **moi ?**《モワ》

D **Ça**《サ》 **ne**《ヌ》 **vous**《ヴ》 **dérange**《デらンジュ》 **pas ?**《パ》

P **Pas**《パ》 **du**《デュ》 **tout,**《トゥ》 **au**《オ》 **contraire.**《コントれーる》

（パスカルが帰ろうとして）

デュポン　どうしました？

パスカル　まだずっといたいのですが，もう行かなければなりません．

デュポン　なにか用事でもあるのですか？

パスカル　ええ．買物をしなければなりません．

一緒について来てくれますか？

デュポン　お邪魔じゃありませんか？

パスカル　とんでもない，その反対ですよ．

Qu’est-ce qu’il y a ?	どうしました？

Dialogue 7 では「何がある」の意味で用いられています（→ p.41）.

Je voudrais bien rester	まだずっといたいのですが

Je voudrais は動詞 vouloir「～したい」の条件法現在形で（→ p.136），直説法現在形 Je veux よりも婉曲的な言い方です．bien「もっと，ずっと」は rester「とどまる」を強調しています．

il faut que je parte.	行かなければなりません

je parte は動詞 partir「出かける」の一人称単数の接続法現在形（→ p.135）

quelque chose à faire	なにかやること・用事

quelque chose の後に前置詞 à ＋不定詞（faire）がくると，「なにかすべきこと」という意味になります．quelque chose à boire「なにか飲物」.

Je dois faire des courses.	私は買物をしなければならない

Je dois ＜助動詞 devoir．faire des courses「買物をする」は faire des achats［フェーる デザシャ］とも言います．

Ça vous dirait de venir avec moi ?	一緒について来てくれますか？

「～してくれますか」と相手を誘う時の表現です（→ p.136-137）.

Ça ne vous dérange pas ?	お邪魔じゃないですか？

日本語と同じように，Ça vous dérange ?「お邪魔ですか？」と言うよりも，否定の疑問文のほうがていねいな言い方になります．

いろいろな表現

Track 83

◎どうしたのですか ?

本文の Qu'est-ce qu'il y a ? の他にも次のような言い方があります.

Qu'est-ce《ケス》 qui《キ》 se《ス》 passe《パス》 ?	何が起きているのですか ?（事件や出来事など）
Qu'est-ce《ケス》 que《ク》 vous《ヴ》 avez《ザヴェ》 ?	どうなさいましたか ?（問題や病気など）

医者が患者に病状を尋ねるときもQu'est-ce que vous avez ?と言います(→p.33).

- Qu'est-ce《ケス》 que《ク》 tu《テュ》 fais《フェ》 ?	どうしたの（＝何をしてるの）?
- J'attends《ジャタン》 quelqu'un《ケルカン》.	人を待っているんだ.（quelqu'un は「誰か」の意味です）

◎そろそろ失礼する

別れ際にどう相手に言えばいいのか意外に苦労することがあります. そんな時には次の表現が便利です.

Je《ジュ》 suis《スュイ》 désolé《デゾレ》 mais《メ》 il《イル》 faut《フォ》 que《ク》 je《ジュ》 parte《パるト》.

すみませんが, 行かなければなりません.

(Il《イル》 faut《フォ》 que《ク》 je《ジュ》 m'en aille《マンナイユ》.「私は行かなければなりません」とも言います)

Excusez-moi《エクスキュゼ モワ》, mais《メ》 il《イル》 faut《フォ》 que《ク》 je《ジュ》 vous《ヴ》 quitte《キット》.

すみませんが, おいとましなければなりません.

je quitte は規則動詞 quitter「別れる」の一人称単数の接続法現在形.

Beur《ブール》映画

Beur《ブール》という言葉はマグレブ諸国（フランスの旧植民地アルジェリア，モロッコ，チュニジア）からフランスにやってきた移民の子供たちを指す．元々は‘Arabe’を逆さま読み（le verlan）するパリ俗語に派生する造語だが，さらに語形変化し‘rebeu’という言い方も生まれた．1980年代初頭にマルセイユからパリへ向かうデモ行進をきっかけにフランス国内で顕在化した彼らは，アラブ文化とフランス文化の狭間に生きる者として，音楽，写真，自伝，小説，映画を通して文化的アイデンティティを表明した．Beur映画はその一つの現れである．人種差別，貧困，暴力といった社会問題を提起する一方，Beur映画の内包する多民族性の豊かさは，フランス映画にも刺激を与え，フランス人監督たちもマグレブ系移民を主人公にした映画を撮り始めている．マチュー・カソビッツ Mathieu Kassovitz 監督の『憎しみ』*La Haine*（1995）は，都市郊外に住む移民二世たちの貧困，失業，犯罪を描き，2005年秋にフランス郊外から全土に広がった一連の暴動を予見する作品であった．

『憎しみ』
写真協力　㈶川喜多記念映画文化財団

聞き取り練習

Track 84

Dialogue 17

：ご一緒してよろしいでしょうか？

：だめです，人を待っています．

：ちょっとだけ．

：ほっといてくださいと言っているのですよ．

：おやまあ，怒らないでくださいよ．どこへ行くのですか？

：もうたくさん．それ以上続けたら人を呼びますよ．

：でも残念だなあ．感じのいい人のように見えたのに．

註 **tenir compagnie** 一緒する；**j'attends** 私は待っている；**quelqu'un** 誰かを；**Oh là là !** おやまあ；**Ça suffit !** もうたくさん

Track 85

Dialogue 18

：何語を話せますか？

：フランス語とスペイン語と英語です．

：スペイン語はフランス語ほど多く話されていないと思います．

：いいえ，フランス語よりも話されています．

：言語は職を見つけるときに大切ですね．

：ええ，でもその国の文化もわからなければなりませんよ．

註 **importantes** 重要な（女性複数形）；**trouver un emploi** 職を見つける；**connaître** わかる・知る；**la culture du pays** その国の文化

Track 86

Dialogue 19

：週末にどこか出かけましょうか？

：いいですよ．どこへ行きたいですか？

：ルーアンに．でもホテルを予約しなくてはいけないの？

：僕が電話しましょうか？

：ええ．どうもありがとう．

：（私たちは）ホテルに何泊しますか？

：１泊だけ．

註　**vous voulez** ＜ **vouloir**（〜したい）；**Rouen** ルーアン（ノルマンディー地方の都市）；**restons-nous** ＜ **rester**（泊まる・滞在する）；**Une seule nuit.** 一晩だけ

Track 87

Dialogue 20

：どうしたんだい？

：もっと居たいんだけど，もう行かなきゃ．

：なにか用事でもあるの？

：ええ．買物しなきゃいけないの．一緒に来てくれる？

：一緒に行っても邪魔じゃないの？

：いいえ．全然．

註　**tu as** ＜動詞 **avoir**；**je dois** 私は〜しなければならない；**j'aille** は動詞 **aller**「行く」の一人称単数の接続法現在形；**avec toi** 君と一緒に；**Pas du tout.** 全然

（→解答は **p.106**）

会話練習・聞き取り練習解答

Dialogue 1 Track 36

: **Bonjour Madame. Une baguette, s'il vous plaît.**
:「どうぞ．他に何か？」
: **Vous avez des croissants ?**
:「いくつですか？」
: **Trois.**
:「これだけですか？」
: **C'est tout, merci.**

Dialogue 2 Track 37

: **Pardon Monsieur. Il y a une banque près d'ici ?**
:「はい，まっすぐ行って，最初の角を右です」
: **Merci beaucoup.**
:「どういたしまして」

Dialogue 3 Track 38

: **Vous êtes Mademoiselle Marceau, n'est-ce pas ?**
:「はい．私がパスカル・マルソーです」
: **Enchanté. Je m'appelle Jacques Dubois.**
:「こんにちは」
: **Par ici. Voilà Mademoiselle Marceau.**
:「こんにちは．ポール・デュポンと申します」
:「こんにちは」

Dialogue 4 Track 39

: **Pardon Monsieur. C'est bien le train pour Paris ?**
:「ええ，そうですよ」
: **Je cherche la voiture 3 (trois).**
:「向こうです」
: **Est-ce qu'il y a un buffet ?**
:「4 号車です」

Dialogue 5 Track 48

:「どこが痛みますか？」
: **J'ai mal à la tête.**
:「いつからですか？」
: **Depuis trois jours.**
:「熱はありますか？」
: **Oui. J'ai un peu de fièvre.**

Dialogue 6 Track 49

:「土曜は時間ある？」
: **Oui, je suis libre. Pourquoi ?**
:「中華料理店に行こうか？」
: **D'accord.**
:「6 時にサン・ミシェル駅の前で会おう．いいかい？」
: **Très bien.**
:「じゃあ土曜に」
: **À samedi.**

Dialogue 7 Track 50

:「今晩テレビで何がある？」

: Regardons le programme ... Il y a un film.

:「何の映画がある？」

: À bout de souffle. Ça te dit ?

:「いいね．何時から？」

: À dix heures.

Dialogue 8 Track 51

:（男性に）「何になさいますか？」

: Je voudrais un menu à vingt euros.

:「かしこまりました．飲み物はどうなさいますか？」

: Je prends du vin.

（食後に）

:「デザートかコーヒーをお持ちしましょうか？」

: Non, merci. L'addition, s'il vous plaît.

Dialogue 9 Track 60

:（男性に）「こんにちは」

: Bonjour Madame. Je voudrais envoyer des cartes postales.

:「日本宛てですか？」

: Oui, c'est ça. C'est combien ?

:「日本へのはがきは，１通が１ユーロです」

: Alors, donnez-moi quatre timbres à un euro (1€).

Dialogue 10 Track 61

: C'est un petit cadeau pour les enfants.

: Oh, merci.

: Ce n'est rien.

: Mais il ne fallait pas !

: Ça vous plaît ?

: Oui. Ils aiment beaucoup le chocolat.

: Tant mieux !

Dialogue 11 Track 62

: Est-ce que je peux vous demander un service ?

: Allez-y.

: Je suis en train d'écrire une carte à un ami japonais. Vous pouvez corriger mon japonais ?

: Volontiers.

: C'est très aimable à vous. Comment dit-on "timbre" en japonais ?

: 切手 (kitte) ... Vous comprenez ?

: Non, je ne comprends pas. Vous pouvez répéter ?

Dialogue 12 Track 63

: Il fait mauvais, n'est-ce pas ?

: C'est vrai. Il ne fait pas beau.

: Ce soir, il va pleuvoir.

: Alors, je vais prendre un parapluie.

: Demain, il y aura du vent.

: Vous connaissez bien cette région.

: Oh ! Un peu.

Dialogue 13 Track 72

: Excusez-moi, je suis en retard.
: C'est pas grave. Je viens d'arriver.
: Alors, où est-ce qu'on va maintenant ?
: Si tu veux, on va visiter le Louvre.
（ルーヴル美術館の中で）
: Cette peinture est vraiment magnifique. Comment la trouves-tu ?
: Extraordinaire! Mais je préfère celle-là.

Dialogue 14 Track 73

: Qu'est-ce que vous faites ?
: Je suis commercial chez Sony. Et vous ?
: Directeur du personnel chez Dupont.
: Ah bon ? J'ai travaillé pour Dupont pendant quatre ans.
: Je suis au Japon pour deux ans.
: Où est-ce que vous habitez ?
: À Aoyama（青山）.
: Vous connaissez Monsieur Durand ?
: Non. Qui est-ce ?
: C'est un de mes amis français.

Dialogue 15 Track 74

: Bonjour. J'ai réservé.
: Bonjour Monsieur. Quel est votre nom ?
: Paul Didier.
: Un instant, s'il vous plaît. Oui, vous avez la chambre 220.
: Il y a une télé dans la chambre ?
: Bien sûr, Monsieur. Toutes nos chambres sont équipées de salles de bains et de la télévision.

Dialogue 16 Track 75

: Bonjour Madame. Je voudrais essayer ce manteau.
: Vous faites quelle taille ?
: 40 (quarante).
: Alors, il sera trop petit. Je vais regarder ...
Je suis désolée, mais j'ai un autre modèle. Vous voulez l'essayer ?
: Non merci. Je vais réfléchir. Au revoir Madame.

Dialogue 17 Track 84

: Je peux vous tenir compagnie ?
: Non, j'attends quelqu'un.
: Juste un peu.
: Je vous dis de me laisser tranquille.
: Oh là là, ne vous fâchez pas. Mais où allez-vous ?
: Ça suffit ! Si vous continuez, j'appelle au secours.
: Mais c'est dommage. Vous aviez l'air sympa.

Dialogue 18 Track 85

: Quelles langues parlez-vous ?
: Le français, l'espagnol et l'anglais.
: L'espagnol est moins parlé que le français, je crois.
: Non, il est plus parlé.
: Les langues sont importantes pour trouver un emploi.
: Oui, mais il faut aussi connaître la

culture du pays.

Dialogue 19

Track 86

: Si on partait en week-end ?
: D'accord. Où est-ce que vous voulez aller ?
: À Rouen. Mais il faut réserver un hôtel ?
: Vous voulez que je téléphone ?
: Oui. C'est très gentil à vous.
: Combien de nuits restons-nous à l'hôtel ?
: Une seule nuit.

Dialogue 20

Track 87

: Qu'est-ce que tu as ?
: Je voudrais bien rester, mais je dois partir.
: Tu as quelque chose à faire ?
: Oui. Je dois faire des achats. Ça te dirait de venir avec moi ?
: Ça ne te dérange pas que j'aille avec toi ?
: Mais non. Pas du tout.

文法編

本書の目的は，フランス語を使って最小限のコミュニケーションが行えるようになることです．ここではそのために必要な文法事項だけを解説し，その他の事項（とくに不規則形や動詞の活用・時制など）は思い切って割愛しました．またダイアローグの内容に合わせて文法項目をまとめました．ダイアローグを学びながらこの文法編を見るようにして欲しいからです．文法項目全体の索引は巻末にあります（→ p.155）．文法練習もありますから，活用してください。

Dialogue 1

名詞には性と数がある

新しい世界と出会うことができる．これは外国語学習の喜びの一つでしょう．Dialogue 1 は簡単な会話ですが，そこに新たな発想の世界を垣間見ることができます．人間にも女と男がいるように，フランス語の名詞には男性名詞と女性名詞があるのです．パンは男性で，バゲットは女性です．でも一体なぜ…？　と疑問も湧くでしょうが，これは単なる文法上の約束に過ぎません．

不定冠詞

	男性名詞の前で	女性名詞の前で
単数形	un pain	une baguette
複数形	des pains	des baguettes

「一つの」にあたる語は男性名詞の前で un，女性名詞の前では une になります．二個以上のときは，un と une は両方とも des になり，男性名詞と女性名詞で悩まされることはありません．ほとんどの名詞は -s をつけると複数形になります．

文法練習（→解答は p.137）

次の名詞の前に不定冠詞をつけてください（*m.* は男性名詞，*f.* は女性名詞，*pl.* は複数を表します）.

1. ______café（*m.* コーヒー）　　2. ______verres（*m. pl.* コップ）
3. ______ glace（*f.* アイスクリーム）　　4. ______bière（*f.* ビール）

Dialogue　2

主語の人称代名詞

	単数	複数
一人称	Je　（私）	Nous（私たち）
二人称	Tu　（君） Vous（あなた）	Vous（あなた方）
三人称	Il　（彼） Elle（彼女） On　（私たち）	Ils　（彼ら） Elles（彼女たち）

話し言葉では三人称単数 on を「私たち」の意味でよく用います（→ p.115）．また二人称単数には Tu「君」と Vous「あなた」の区別があります．前者は親しい相手と話すときに用います（→ p.115）．後者の Vous には「あなた」と「あなた方」の二つの意味があります．ただし本書の動詞活用表では，便宜上，Vous を複数形の中に分類しています．

動詞は主語によって活用する

日本語の動詞は，「書き・ます」「書か・ない」のように後ろに続くものにあわせて変化しますが，フランス語の動詞は主語により変化します．活用していない動詞の形を不定詞と呼びます．

動詞 avoir「～を持っている」の現在形

	主語が単数	主語が複数
一人称	J'ai	Nous avons
二人称	Tu as	Vous avez
三人称	Il a Elle a On a	Ils ont Elles ont

主語の Je は母音で始まる動詞の前で J' のようになります．活用形の J'ai を参照．Dialogue 1 と 2 では Vous avez，Il y a を学びました．痛みや熱があることも avoir を使って表現します（→ p.34）．

方向の表現

Tout droit (À droite, À gauche).
まっすぐです（右です，左です）．

En avant (En arrière).　前方です（後方です）

文法練習（→解答は p.137）
（　　）の中に avoir の活用形を入れてください．

Vous（　1　）des baguettes ?	バゲットがありますか？
Il y（　2　）une banque près de la poste.	郵便局の近くに銀行があります．
J'（　3　）mal à la tête.	私は頭が痛い．
Qu'est-ce que tu（　4　）?	どうしたの？
Elle（　5　）un peu de fièvre.	彼女は少し熱がある．

Dialogue 3

動詞 être「～です」の現在形

	主語が単数	主語が複数
一人称	Je suis	Nous sommes
二人称	Tu es	Vous êtes
三人称	Il est Elle est C'est（これ） On est	Ils sont Elles sont Ce sont（これら）

疑問詞

Dialogue 3 の「いろいろな表現」には疑問詞 comment「どのように」, qui「誰」, quel「何」が出てきました．他にも où「どこ」, quand「いつ」, pourquoi「なぜ」等が重要です．

Comment allez-vous ?　ごきげんいかがですか？
Qui est-ce ?　あの方は誰ですか？（→ p.24）
Quelle heure est-il ?　いま何時ですか？
（**quelle** は **quel** の女性形→ p.42）
Où sont-ils ?　彼らはどこですか？
Quand partez-vous ?　いつあなたは出発しますか？

疑問詞で始まる疑問文では一般に主語と動詞が倒置します．ただし会話では疑問詞がしばしば文の最後に来ることもあります．（→ Dialogue 5, 文法編 p.113）．

文法練習 3（→解答は p.137）
（　　）の中に être の活用形を入れてください．

Vous（　1　）Madame Marceau ?　あなたはマルソーさんですか？
Oui, je（　2　）Pascale Marceau.　はい，私はパスカル・マルソーです．

Où（　3　）la gare ?　　　駅はどこですか？
Quel（　4　）votre nom ?　　　お名前は何と言うのですか？

Dialogue 4

定冠詞

	男性名詞の前で	女性名詞の前で
単数形	le train	la voiture
複数形	les trains	les voitures

注意！

母音あるいは無音の h- で始まる単数形の名詞の前で定冠詞は l' になります.

男性名詞：l'aéroport「空港」, l'hôtel「ホテル」
女性名詞：l'université「大学」, l'heure「時間・時刻」

動詞の大多数派　第一群規則動詞

不定詞が -er で終わる動詞を第一群規則動詞と呼びます.

動詞 chercher「さがす」の現在形

	主語が単数	主語が複数
一人称	Je cherche	Nous cherchons
二人称	Tu cherches	Vous cherchez
三人称	Il cherche Elle cherche	Ils cherchent Elles cherchent

この第一群規則動詞はフランス語の動詞の大多数を占めています. 試みに辞書のページを開けて見てください. 動詞と名のつくもののほとんどが -er 動詞のはずです. 三人称の Il と Elle, Ils と Elles は同じ活用をするために以後は Il と Ils のみを例として挙げます.

文法練習（→解答は p.137）

下線部の不定詞を適当な形に活用させ，（　　）の中に定冠詞を入れてください．

C'être bien（　1　）train pour Paris ?　これはパリ行きの列車ですか？

Vous chercher（　2　）voiture sept, n'est-ce pas ?
7号車を探しているのですね？

Pardon, Monsieur, je chercher（　3　）poste...
すみません，郵便局を探しているのですが…

Dialogue 5

三つの疑問文

Vous êtes allergique ?（イントネーション型）
Est-ce que vous êtes allergique ?（est-ce que 型）
Êtes-vous allergique ?（倒置型）
いずれも「アレルギー体質ですか？」の意味.

一般に倒置による疑問文は，イントネーション型や est-ce que 型に比べて頻度が低く，会話では Où tu vas ?「どこへ行くの？」や Vous cherchez qui ?「誰を探しているのですか？」のような疑問文を耳にします．être や avoir のように頻度の高い動詞は会話でも倒置型がしばしば用いられます．倒置型 Êtes-vous のときにトレデュニオン（-）を忘れないようにしましょう．

複合倒置による疑問文

いま述べた倒置による疑問文は，主語が人称代名詞（→ p.109）の場合に限り可能です．もしも主語が人称代名詞ではなく，たとえば人名や普通名詞のときは，主語を人称代名詞で受けなおして倒置させて疑問文にします．これを複合倒置と呼びます．

Pascale est-elle allergique ?　パスカルはアレルギー体質ですか？

否定形は動詞をサンドイッチ

動詞を否定形にするには，je ne suis pas「私は～ではない」のように動詞 suis を ne と pas ではさみます．ただし日常的な会話では頻繁に ne が落ちて pas だけしか聞こえないことがあります（→ p.7）．J'ai pas de monnaie.「小銭がありません」，C'est pas vrai !「まさか！」.

前置詞と定冠詞の縮約

	à ＋定冠詞	
	男性名詞の前で	女性名詞の前で
単数	au ventre（腹）	à la tête（頭）
複数	aux bras（腕）	aux dents（歯）

	de ＋定冠詞	
	男性名詞の前で	女性名詞の前で
単数	du train	de la voiture
複数	des trains	des voitures

女性名詞の単数形（à la，de la）では縮約が起きません．

注意！ 母音あるいは無音の h- で始まる単数名詞の前では l' になります（à l'estomac，de l'hôtel，de l'université）.

文法練習（→解答は p.137）

（　　）の中に適当な単語を入れてください．

- Qu'est-ce que tu（　1　）?　どうしたの？
- J'ai mal（　2　）dents ?　歯が痛いんだ．

- Pardon，Madame，où（　3　）la Gare du Nord ?
すみません，北駅はどこですか？

- Désolée, je ne sais (　4　). ごめんなさい，知りません.

Dialogue 6

tu は親しさのバロメータ

二人称単数に Tu と Vous の区別があることはすでに見ました(→ p.109).

Tu es libre ?　暇かい？（親しい相手と話す時）
Vous êtes libre ?　お暇ですか？（親しくない相手と話す時）

実際には親しみをこめて最初から tu で話しかけてくる人もいます.

友達同士の on

On va au restaurant ?「レストランに行こうか？」のように友達同士の間で「私たち」の意味で使われ，動詞は三人称単数形になります．on はこの他にもいろいろな使われ方をします．たとえば，誰がそうしたのかは問わずに，単に状況だけを伝えたいときも on を主語にします.

On vous demande au téléphone.　お電話ですよ.
Ici, on passe un film de Rohmer.
ここではロメール監督の映画を上映している.

漠然とした人々を想定して on と呼ぶ場合もあります.

On aime beaucoup le cinéma en France.
フランスではみんな映画が大好きだ.

Comment dit-on “stamp” en français ?
“（英語の）スタンプ” はフランス語ではどう言いますか？（→ p.58）

場所を表わす前置詞

本文中には前置詞 devant「〜の前で」がありました．他にも重要な表現をいくつか見ておきましょう.

derrière vous　あなたの後ろで
à la boutique　店で

à côté de l'église 教会のとなりに
dans le bureau 事務所の中で
près de la gare 駅の近くに

等が一般的でしょう.

文法練習（→解答は p.137）
ジャックのメモ書きです．内容を言ってください.

D'accord pour le rendez-vous devant la boutique.
À 11 h.
Amitiés, Jacques.

Dialogue 7

前置詞 à

重要な前置詞ですのでいくつかの用法をあげておきます.

À table !（位置）（ご飯ですよ）食卓につきなさい！
C'est à quelle heure ?（時間）それは何時にありますか？（本文）
On va au restaurant ?（方向）レストランに行こうか？（→ p.36）
C'est à vous ?（所有）これはあなたのですか？

Dialogue 8 には値段を表わす à も出てきます（→ p.44）.

Je voudrais un menu à vingt euros.
20 ユーロの定食を一つお願いします

指示形容詞

近くにあるものや見える所にあるものを指し示して言うときに用います．意味は日本語の「この・その・あの」の全てを表わすことができます.

	男性名詞の前で		女性名詞の前で
単数形	ce chocolat	cet enfant	cette fleur
	この（その・あの）チョコ，子供，花		
複数形	ces chocolats	ces enfants	ces fleurs

注意！ 母音や無音の h で始まる男性名詞の前では cet になります（cet enfant，cet hôtel）．

命令文に主語は要らない

動詞の現在形から，主語の Nous，Vous，Tu を取り除くと三種類の命令形ができます．

動詞の現在形		命令形
Nous regardons 私たちは見る．	→	Regardons（相手を誘う） 見ましょう．
Vous passez あなたは渡す．	→	Passez（相手にお願いする） 渡してください．
Tu cherches 君はさがす．	→	Cherche（相手に命令する） さがせ．

注意！ 第一群規則動詞の Tu に対する命令形では語尾の -s が落ちます（Tu cherches → Cherche）．

「私に（を）～してください」と頼みたければ命令形の後に代名詞の -moi をつけます．

Donnez-moi un thé, s'il vous plaît.
紅茶を１杯ください．

文法練習（→解答は p.137）

下線部の不定詞を適当な活用形にして，（　　）の中に適当な単語を入れてください．

– Qu'est-ce qu'il y a（　1　）la télé（　2　）soir ?
今晩テレビで何がある？

- Regarder le programme ... Il y a un match de foot.
プログラムを見よう… サッカーの試合がある．

- C'est à（　3　）heure ?　　何時にあるの？
- À dix heures. Après le film.　10 時に．映画の後で．

Dialogue 8

語順，この不思議なるもの

外国語学習の難しさの一つに語順があります．日本語の語順と違っていれば，それだけ発想の転換を余儀なくされます．

Vous le voulez comment ?　それをどうなさいますか？
Je te sers un thé ?　　紅茶を入れようか？

人称代名詞の le「それを」や te「君に」と普通名詞の un thé「紅茶を」は，いずれも目的語なのに，人称代名詞の目的語は動詞（voulez，sers）の前に，普通名詞の目的語は動詞（sers）の後に置かれています．ところが次の文のように，ça「それを」は代名詞でありながら動詞 faire「する」の後に来ます．人称代名詞の目的語については Dialogue 10 の文法編を参照．

Ce n'est pas facile de faire ça.　それをするのは簡単じゃない．

所有形容詞

	単数形		複数形
	男性名詞の前	女性名詞の前	
私の	mon	ma	mes
君の	ton	ta	tes
彼(女)の	son	sa	ses

	単数形	複数形
私たちの	notre	nos
あなた(方)の	votre	vos
彼(女)らの	leur	leurs

注意！ 母音あるいは無音の h- で始まる女性名詞の単数形の前では ma, ta, sa ではなく, mon, ton, son 形を使います（mon école「私の学校」, ton idée「君の考え」, son amie「彼の恋人」).

文法練習 (→解答は p.137)
(　　)の中に適当な単語を入れてください.

– Qu'est-ce que vous voulez comme plat ?
メインの料理は何になさいますか？

- Donnez-（　1　）un steak frites, s'il vous plaît.
フライドポテト付きのステーキをください.

- Oui.（　2　）steak, vous（　3　）voulez comment ?
はい, 焼加減はどうなさいますか？

-（　4　）cuit, s'il vous plaît.　ウェルダンにしてください.

Dialogue 9

前置詞 pour

C'est bien le train pour Bordeaux ?（〜行きの）
これはボルドー行きの電車ですか？（→ p.26）

C'est pour quoi faire ?（〜のため）
それは何をするため（のもの）ですか？

Dites-leur bonjour pour moi.（〜の代わりに）
私の代わりに彼らによろしくお伝えください.

Je suis en France pour trois ans.（〜の間）
フランスへは３年間の予定できました.（→ p.72）

便利な C'est ...

C'est pour le Japon ?「それは日本宛てですか？」, C'est ça.「そうです」や C'est combien ?「いくらですか？」のように C'est ... はとても便利な表現です.

Ça, c'est à vous ?
それ，あなたのですか？

Ce n'est pas facile de faire ça.
それをするのは簡単じゃない.（→ p.118）

文法練習（→解答は p.137）
（　　）の中に適当な単語あるいは表現を入れてください.

- Je voudrais envoyer（　1　）cartes postales ...
これらのはがきを送りたいのですが…
- （　2　）le Japon ?　日本宛てですか？
- Oui.（　3　）combien ?　はい，いくらですか？
- Une carte,（　4　）0,80 €.　はがき 1 通が 0.80 ユーロになります.

Dialogue 10

程度の副詞

程度の副詞とは，たとえば本文の c’est trop gentil.「ご親切にどうも」，J’aime beaucoup ces tasses.「このカップ大好きです」等の trop，beaucoup を言います．「値段が高い」とか「親切だ」といった形容詞を強調するための副詞には très「とても」，assez「かなり」，trop「～すぎる」，pas très「あまり～ない」，pas ... du tout「全然～ない」があります．

C’est très cher.　　それはとても値段が高い．
Il est assez sympa.　　彼はけっこう感じがいい．
Elle n’est pas très gentille.
彼女はあまり親切ではない．（**gentille** は **gentil** の女性形）
Ce n’est pas bon du tout.　　それは全然よくない．

人称代名詞の目的語

「私を，私に」「それを，それに」等を人称代名詞の目的語と言います．Dialogue 8 で見たように，人称代名詞の目的語は動詞の前に置きます（→ p.118）．「～を」と「～に」で形が変わるのは三人称のときだけです．

	単数		複数	
	～を	～に	～を	～に
一人称	me		nous	
二人称	te		vous	
三人称	（男）le	lui	les	leur
	（女）la	lui	les	leur

注意！　母音で始まる語の前で，me，te，le，la はそれぞれ m’，t’，l’，l’ になります．

Je vous sers un thé ou un café ?
紅茶かコーヒーを入れましょうか？（→ p.46）
Vous le voulez comment ?　　どうなさいますか（→ p.44）

文法練習 (→解答は p.138)
例にならって全文を書き換えてください.

(例) Cette tasse est vraiment belle. → Je la trouve vraiment belle.
1. Ce cadeau est vraiment joli. →
2. Ces fleurs sont vraiment belles. →

(例) Vous aimez beaucoup ce cadeau. → Il vous plaît beaucoup.
3. J'aime beaucoup cette tasse. →
4. Vous n'aimez pas ces tasses. →

Dialogue 11

動詞 dire「言う」の現在形

	主語が単数	主語が複数
一人称	Je dis	Nous disons
二人称	Tu dis	Vous dites
三人称	Il dit	Ils disent

語彙を増やすには…

本文中の Comment dit-on "stamp" en français ?「(英語の) スタンプはフランス語ではどう言いますか?」のように,「〜は何と言うのか」をフランス語で尋ねることができたらしめたもの. 単語の力が飛躍的に増えます. 次の言い方も覚えておくと便利です.

- Je ne comprends pas le mot "ordinateur".
  オルディナトゥールという単語が分かりません.

  Qu'est-ce que ça veut dire ?
  どういう意味ですか?

- En anglais, on dit "computer".
  英語でいうコンピュータのことです.

- Le mot “frites”, qu’est-ce que ça signifie ?
  フリットという単語はどういう意味ですか ?
- Ça signifie “pommes de terre frites”.
  それはフライドポテトのことです.

文法練習 (→解答は p.138)

例にならって，フランス語で尋ねてください.

(例)　imprimante プリンター

→ Je ne comprends pas le mot “imprimante”. Comment dit-on en anglais ?
アンプリマントという単語が分かりません. 英語でそれをどう言いますか？

1. souris マウス　→

(例)　chargeur 充電器

→ Le mot “chargeur”, qu’est-ce que ça signifie ?
シャるジューるという単語はどういう意味ですか？

2. clavier キーボード　→

Dialogue 12

未来のことだって言いたい！

日常会話は現在形を中心に話が進んでいきますが，未来のことも言えないといけませんね. 本文には二つの未来形が出てきました. 一つは il y aura du vent の中の単純未来形 aura（不定詞は avoir）で，もう一つは il va pleuvoir のように動詞 aller の現在形 va に不定詞 pleuvoir を続ける言い方（近接未来形）です. 後者は単純未来形を覚える手間も省け，簡単に未来のことが説明できます.

- Il va faire beau demain.　明日は天気がいいでしょう.
- Le train va partir dans dix minutes.
  10 分後に列車は出発するでしょう.

単純未来は Si ...「もし～すれば」に続く文の中でもしばしば使われます(→ p.88).

動詞 aller「行く」の現在形

	主語が単数	主語が複数
一人称	Je vais	Nous allons
二人称	Tu vas	Vous allez
三人称	Il va	Ils vont

冠詞類（まとめ）

冠詞類とは不定冠詞，定冠詞，部分冠詞，指示形容詞のことです．これらは後に続く名詞の性と数により形が変わります．このうち最初の三つは日本語の発想とかなり違いますから難しく感じられるかもしれません．これらのニュアンスの違いを簡単に説明します．

不定冠詞（un，une，des）（→ p.108）

Il y a une poste rue de la Paix.　ラ・ペ通りに郵便局があります．（→ p.18）
（不特定な対象を表わす．特定の郵便局ではなく，とにかく郵便局があることを伝えている）

Vous avez des baguettes ?　バゲットはありますか？
（不特定な個数を表わす．いくつかのバゲットの意味）

単数形 un，une は「一つの～」という意味にもなります：une baguette バゲット１本．

定冠詞（le，la，les）（→ p.112）

Où est la gare ?　駅はどこですか？
（話し手と聞き手の間の了解事項を表わす．この場合の駅とは最寄り駅のこと）

Je préfère les oranges.
僕はオレンジのほうが好きだ．
（種類を表わす．（グレープフルーツではなく）オレンジ）

部分冠詞（男性形 du，女性形 de la）

D'habitude, je mange du pain le matin.
朝はたいていパン食です.
（不定冠詞と同じく不特定だが，適当な分量を表わす．どんなパンでもよいが，朝食として適当な分量のパン）

部分冠詞はこの他にも以下の例の中に現れます.

Vous avez de la fièvre ?　熱はありますか？（→ p.48　会話練習）
Je prends du vin.　ワインにします.（→ p.49　会話練習）
Il y aura aussi du vent.　風も出るでしょう.（→ p.62）
Du 40.　サイズは 40 号です.（→ p.81）

指示形容詞（ce，cet，cette，ces）（→ p.117）

Je n'aime pas ce tableau.　私はこの絵は好きじゃない
（その場に見える対象を指すことが多い）

文法練習（→解答は p.138）
例にならって，近い未来を表わす文にしてください.

（例）Il fait beau.（faire）　→ Il va faire beau.　天気がよくなるだろう.
1. Il pleut.（pleuvoir）　→
2. On prend un parapluie.（prendre）　→
3. Vous regardez le programme.（regarder）　→
4. Je vous téléphone.（téléphoner）　→

Dialogue 13

近接過去形 venir de ＋不定詞「～したところだ」

動詞 venir の現在形の後に de ＋不定詞が続くと「～したところだ」の意味になります．Dialogue12 の近接未来形（aller の現在形＋不定詞）とペアにして覚えましょう.

- Ces cerises sont très fraîches.
このサクランボとても新しいですね.

- Ben oui, ça vient d’arriver.
もちろん，入荷したてだよ.

動詞 venir「来る」の現在形

	主語が単数	主語が複数
一人称	Je viens	Nous venons
二人称	Tu viens	Vous venez
三人称	Il vient	Ils viennent

前置詞 de

重要な前置詞で，たくさんの用法があります．主なものだけをあげておきます．

1）名詞＋ de ＋名詞

les enfants de Pierre　ピエールの子供たち（所有）
la salle de bain　浴室（種類）
une bouteille de bordeaux　ボルドー・ワイン一本（数量）（→ p.44）

2）動詞・形容詞＋ de

Je suis de Tokyo.　私は東京出身です．（出身）
Que pensez-vous de ce tableau ?（主題）（→ p.68）
この絵（について）はどう思いますか？

C’est difficile de faire ça.（意味上の主語）それをするのは難しい.

人称代名詞の強勢形

	単数	複数
一人称	moi	nous
二人称	toi	vous
三人称男性形	lui	eux
三人称女性形	elle	elles

主語の人称代名詞（→ p.109）と目的語の人称代名詞（→ p.121）はすでに学びました．人称代名詞の強勢形は次のような場合に用いられます．

（1）肯定の命令文

Excusez-moi, je suis en retard.（本文）

（2）前置詞の後

Ça vous dirait de venir avec moi ?
一緒に来てくださいますか？（→ p.98, 136）

（3）主語の強調

Lui, il ne vient pas.　彼ですか，彼は来ませんよ．

文法練習（→解答は p.138）

例にならって，近い過去を表わす文にしてください．

（例）J'arrive. (arriver) → Moi, je viens d'arriver.
私は，さっき着いたばかりです．

注：**Moi**, は主語の **J'**（= **Je**）を強調するために使われます．

1. Je vous téléphone. (téléphoner) →
2. Nous mangeons. (manger) →
3. Il part. (partir) →

Dialogue 14

複合過去形ってどんな形？

助動詞（avoir あるいは être）の現在形＋動詞の過去分詞形

大多数の動詞が助動詞に avoir をとります．être をとる自動詞でよく使うものには aller「行く」↔ venir「来る」，arriver「着く」↔ partir「出発する」，entrer「入る」↔ sortir「出る」のような移動を表す動詞があります．

travailler「働く」と aller「行く」の複合過去

j'ai travaillé	je suis allé(e)
tu as travaillé	tu es allé(e)
il a travaillé	il est allé
nous avons travaillé	nous sommes allé(e)s
vous avez travaillé	vous êtes allé(e)(s)
ils ont travaillé	ils sont allés

動詞の過去分詞

-er 動詞の過去分詞形は規則的に -é となります（travailler → travaillé）．ここでは重要な動詞の過去分詞をみてみましょう．

apprendre（学ぶ）→ appris	avoir（もつ）→ eu
connaître（わかる）→ connu	croire（思う）→ cru
devoir（～ねばならない）→ dû	dire（言う）→ dit
être（～である）→ été	faire（する）→ fait
pouvoir（できる）→ pu	venir（来る）→ venu
voir（会う，見る）→ vu	vouloir（～したい）→ voulu

助動詞が être の場合，主語が女性なら過去分詞の末尾に -e をつけ女性形に，主語が複数なら末尾に -s をつけて複数形にします．たとえば Je suis allée. は「私（女性）が行った」で，vous êtes allés. は「あなた方が行った」を表わします．

動詞 faire「する」の現在形

	主語が単数	主語が複数
一人称	Je fais	Nous faisons
二人称	Tu fais	Vous faites
三人称	Il fait	Ils font

文法練習（→解答は p.138）
例にならって，動詞を複合過去形にしてください．

（例）J'arrive. (arrivé) → Je suis arrivé(e).　私は着きました．
1. Je travaille. (travaillé) →
2. Elle vient. (venu) →
3. Il part. (parti) →
4. Vous faites. (fait) →
5. On visite. (visité)

Dialogue 15

複合過去形の用法

Dialogue 14 で複合過去の形を学びました．ここでは会話で比較的よく使われる複合過去の例を挙げ，その用法を説明します．

1）今までの経験
J'ai travaillé pour la BNP pendant 5 ans.
私はパリ国立銀行に5年間勤めました．（→ p.72）

2）現在における完了とその結果
J'ai réservé.　予約しています．（→ p.76）

3）過去の行為
Hier, on a visité le château de Versailles.
僕らはきのうヴェルサイユ宮殿を訪れたんだ．

文法練習（→解答は p.138）
例にならって，動詞を複合過去形にして全文を書き換え，文の意味を言ってください.

（例）Je (travailler) 4 ans pour cette entreprise. (travaillé)
→ J'ai travaillé 4 ans pour cette entreprise.
私はこの会社で4年間勤めました.

1. J'(étudier) le français pendant deux ans. (étudié) →
2. Qu'est-ce que tu (faire) ce matin ? (fait) →
3. Il (regarder) la télé toute la journée. (regardé) →

Dialogue 16

スッキリとまとめて話したい！ —— 関係代名詞

関係代名詞を使うと二つの内容を一つにして簡潔に伝えられます.

関係代名詞	主格	qui
	目的格	que

（英語のように人と物の区別はありません）

Je voudrais aussi essayer la robe rose.
バラ色のドレスも試着したい.

Elle est en vitrine.
それがショーウィンドーにあります.

主語の Elle は前の文の la robe rose を指し，主格の関係代名詞 qui はその elle の代わりをしながら二つの文を連結します.

→ Je voudrais aussi essayer la robe rose qui est en vitrine.
ショーウィンドーにあるバラ色のドレスも試着したい.

J'ai un autre modèle.　別の型もございます.
Vous aimerez certainement ce modèle.
きっとその型を気にいっていただけるでしょう.

関係代名詞の que は目的語 ce modèle の代わりをして二つの文を連結します.

→ J'ai un autre modèle que vous aimerez certainement.
きっと気にいっていただける別の型もございます.

動詞 être「です」と avoir「持っている」の単純未来形

être	主語が単数	主語が複数
一人称	Je serai	Nous serons
二人称	Tu seras	Vous serez
三人称	Il sera	Ils seront

avoir	主語が単数	主語が複数
一人称	J'aurai	Nous aurons
二人称	Tu auras	Vous aurez
三人称	Il aura	Ils auront

文法練習（→解説は p.138）
下線部の単純未来形に注意しながら，次のやりとりを覚えてください.

- Tu me téléphoneras demain quand vous arriverez ?
明日，君たちが到着したらぼくに電話してくれ.

- Entendu, je te téléphonerai.　わかった，君に電話するよ.

Dialogue 17

時間の枠に縛られない半過去形

Dialogue 14，15 の文法編で複合過去形を学びました.「5年間～した」のように，5年間という時間的な枠が決まっていて，その中で起きた出来事を現在との関わりの中で述べるのが複合過去形でした. これに対して，半過去形はそのような時間的枠に縛られない過去の行動や状態を述べるときに用いられます.

Mais il ne fallait pas.　でもそんな必要なかったんですよ（→ p.55）
Vous aviez l’air sympa.　感じいい人のように見えたのに．（本文）

次の文では複合過去形（a visité）で時間的な大枠を決めておいて，状況説明に半過去形（faisait，était）が用いられています．

Hier on a visité le château de Versailles.
ぼくらはきのうヴェルサイユ宮殿を訪れたんだ．

Il faisait beau et c’était vraiment magnifique.
天気はよかったし，ほんとうに素晴らしかった．

半過去形は一人称複数の現在形（-ons）のときの動詞の語幹に活用語尾をつけて作ります．

動詞 trouver の半過去形（cf. 一人称複数の現在形は nous trouvons）

	主語が単数	主語が複数
一人称	je trouvais	nous trouvions
二人称	tu trouvais	vous trouviez
三人称	il trouvait	ils trouvaient

ただし être 動詞は例外です．

動詞 être の半過去形（cf. 一人称複数の現在形は nous sommes）

	主語が単数	主語が複数
一人称	j’étais	nous étions
二人称	tu étais	vous étiez
三人称	il était	ils étaient

助動詞 pouvoir「〜できる」の現在形

	主語が単数	主語が複数
一人称	Je peux	Nous pouvons
二人称	Tu peux	Vous pouvez
三人称	Il peut	Ils peuvent

文法練習（→解答は p.138）
（　　）内の不定詞を半過去形にしてください.

Quand j'(avoir) douze ans, mon père (travailler) dans une entreprise américaine et j'(habiter) avec ma famille à New York. J'(aller) à l'école internationale et je (parler) anglais avec mes copains.

12 歳のとき，父はアメリカの商社で働いていて，私は家族でニューヨークに住んでいました．インターナショナル・スクールに通って，友達とは英語で話していました．

Dialogue 18

受身文

受身文は助動詞 être ＋動詞の過去分詞形からなります．このタイプの受身文は日常会話ではそれほど頻度が高くありません．

Ce film est très bien fait.
この映画はとてもよくできている．

Le français est parlé dans beaucoup de pays.
フランス語はたくさんの国で話されている．

会話に現われる受身文にはこの他に代名動詞を使ったものがあります．物が主語になり，三人称単数・複数で用いられます．

Ces livres se vendent bien.　（代名動詞 se vendre）
これらの本はよく売れている．

Ce mot se prononce comment ? （代名動詞 se prononcer）
この単語はどう発音されるのですか？

この他にも代名動詞 s'appeler が Dialogue 3 に，否定の命令形 ne vous fâchez pas が Dialogue 17 に出てきました．

代名動詞 s'appeler「～という名前です」の現在形

主語が単数

一人称	Je m'appelle
二人称	Tu t'appelles
三人称	Il s'appelle

主語が複数

一人称	Nous nous appelons
二人称	Vous vous appelez
三人称	Ils s'appellent

文法練習 （→解答は p.138）
（　　）内の代名動詞を適当な形に活用させてください．

1. - Vous (s'appeler) comment ?　あなたのお名前は？
   - Je (s'appeler) Mélodie.　私はメロディーと言います．
2. - Vous (se téléphoner) souvent, ta fille et toi ?
   あなたと娘さんはよく電話をかけあいますか？
   - Oui, grâce aux téléphones portables.　ええ，携帯電話のおかげでね．
3. - Vous parlez souvent avec vos voisins ?
   あなたは近所の人とよく話をしますか？
   - Non, sauf quand on (se rencontrer) par hasard dans l'escalier.
   いいえ，階段でたまたま会うとき以外は．

Dialogue 19

想像する事柄と現実の事柄 ―― 接続法と直説法

1) Vous téléphonez ? 電話しますか？
→動詞 téléphonez は直説法現在形

「～しますか」と尋ねています．これに対しては「はい」か「いいえ」の答えが可能です．つまり事実の確認です．

2) Tu veux que je téléphone ?
僕が電話しようか（＝僕に電話してもらいたいの）？（本文）
→動詞 téléphone は接続法現在形

相手の立場に立って尋ねています．単なる事実の確認ではなく，相手の意思を確認しています．

話し手が「相手の望みは多分こんなかもしれない」と頭の中で想像した事柄として伝えるとき，接続詞 que に続く文の動詞は接続法という形になります．さらに p.99-100 や p.103 に出てくる il faut que ... も参照してください．

上の例のように，接続法になっても動詞が特別な形にならない場合は心配ありませんが，次の例では接続法現在形 plaise は直説法現在形 plaît と全く異なるため注意が必要です．

Je souhaite que ça vous plaise.（接続法現在）
気に入ってもらえるといいのですが．

Je suis sûr que ça vous plaît.（直説法現在）
きっと気に入ってもらえますよ．

動詞 vouloir「～したい，欲しい」の現在形

	主語が単数	主語が複数
一人称	Je veux	Nous voulons
二人称	Tu veux	Vous voulez
三人称	Il veut	Ils veulent

文法練習（→解説は p.138）
下線部の接続法現在形に注意しながら，次の文を読んでください.

1. C'est dommage que la nourriture bio soit très chère.
   自然食品がとても高いのが残念です.
2. Je veux que vous soyez plus ponctuel.
   あなたにはもっと時間を守って欲しい.

Dialogue 20

言いづらいこともある —— 条件法

あまりはっきり面と向かって言うと失礼にあたることがあります．遠回しに婉曲的に言いたいとき，フランス語では動詞を条件法にします．これまでの Dialogue にもいくつか条件法が用いられていました.

Je voudrais deux croissants, s'il vous plaît.
クロワッサンを２つお願いします.　voudrais ＜動詞 vouloir（p.16）

À six heures et demie, ça vous irait ?
６時半はいかがでしょうか？　irait ＜動詞 aller（→ p.38）

On dirait que les personnages sont vivants.
まるで人物が生きているみたい.　dirait ＜動詞 dire（→ p.70）

Ça vous dirait de venir avec moi ?
一緒に来てくださいますか？（本文）

友だちの間ではこうした言い回しは使わずにすみます．たとえば Dialogue 19 では友達同士が tu veux ... を使い，条件法（tu voudrais ...）は用いられていません.

相手を誘う

よく使われる四種類のパターンを覚えましょう.

1）友達同士の on を使った疑問文
On va au restaurant ?　レストランへ行こうか？（→ p.36）

2）一人称複数の命令文
Allons-y.　そこへ行きましょう.

3）Si on ＋半過去形？

Si on partait en week-end ? 週末にどこかへ行こうか？（→ p.94）

4) Ça te（vous）dirait de ＋不定詞？

Ça vous dirait de venir avec moi ? 一緒について来てくれますか？（本文）

文法練習（→解説は p.138）

下線部の条件法現在形に注意しながら次のやりとりを読んでください.

- Ça fait 10, 20 €. 全部で 10.20 ユーロになります.
- Je pourrais payer par carte visa ? ビザカードで払えますか？
- Je suis désolée mais nous n'acceptons pas les paiements par carte en dessous de 20 €.
  申し訳ありませんが，20 ユーロ以下ではカード支払いを受け付けておりません.
- Bon ! Voilà 100 €. そうですか！ はい 100 ユーロです.
- Ah! Vous n'auriez pas la monnaie ? 小銭はお持ちではないですか？

文法練習解答

Dialogue 1

1. un café 2. des verres 3. une glace 4. une bière

Dialogue 2

1. avez 2. a（il y a「〜がある」という表現） 3. ai 4. as 5. a

Dialogue 3

1. êtes 2. suis 3. est 4. est

Dialogue 4

1. est, le 2. cherchez, la 3. cherche, la

Dialogue 5

1. as 2. aux 3. est 4. pas

Dialogue 6

ブティックの前で 11 時に会おうというメモです.

Dialogue 7

1. à 2. ce, Regardons 3. quelle

Dialogue 8

1. moi 2. Votre 3. le 4. Bien

Dialogue 9

1. ces 2. Pour 3. C'est 4. ça fait

Dialogue 10

1. Je le trouve vraiment joli.　2. Je les trouve vraiment belles.
3. Elle me plaît beaucoup.　4. Elles ne vous plaisent pas.

Dialogue 11

1. Je ne comprends pas le mot “souris”. Comment dit-on en anglais ?
2. Le mot “clavier”, qu’est-ce que ça signifie ?

Dialogue 12

1. Il va pleuvoir.　2. On va prendre un parapluie.
3. Vous allez regarder le programme.　4. Je vais vous téléphoner.

Dialogue 13

1. Moi, je viens de vous téléphoner.
2. Nous, nous venons de manger.
3. Lui, il vient de partir.（moi, nous, lui は強調の意味で用いられています）

Dialogue 14

1. J’ai travaillé.　2. Elle est venue.　3. Il est parti.
4. Vous avez fait.　5. On a visité.

Dialogue 15

1. J’ai étudié le français pendant deux ans.　私はフランス語を 2 年間勉強しました.
2. Qu’est-ce que tu as fait ce matin ?　君は今朝は何をしましたか？
3. Il a regardé la télé toute la journée.　彼は一日中テレビを見ました.

Dialogue 16

Tu téléphoneras のように二人称の単純未来形には,「～してくれ」のような軽い命令のニュアンスがあります.

Dialogue 17

avais, travaillait, habitais, allais, parlais

Dialogue 18

1. vous appelez, m’appelle　2. vous téléphonez　3. se rencontre

Dialogue 19

1. C’est dommage que ...「～が残念です」の後には接続法がきます. 2. Je veux que ...「～して欲しい」の後は接続法. ponctuel「時間にきちょうめんな」の意味.

Dialogue 20

Je pourrais ... ?「～できますか」は相手に許可をもとめるときの丁寧な言い方です. accepter は「受けつける」, en dessous de は「～以下で」, la monnaie は「小銭」の意味です.

La《ラ》 France《フランス》

フランス

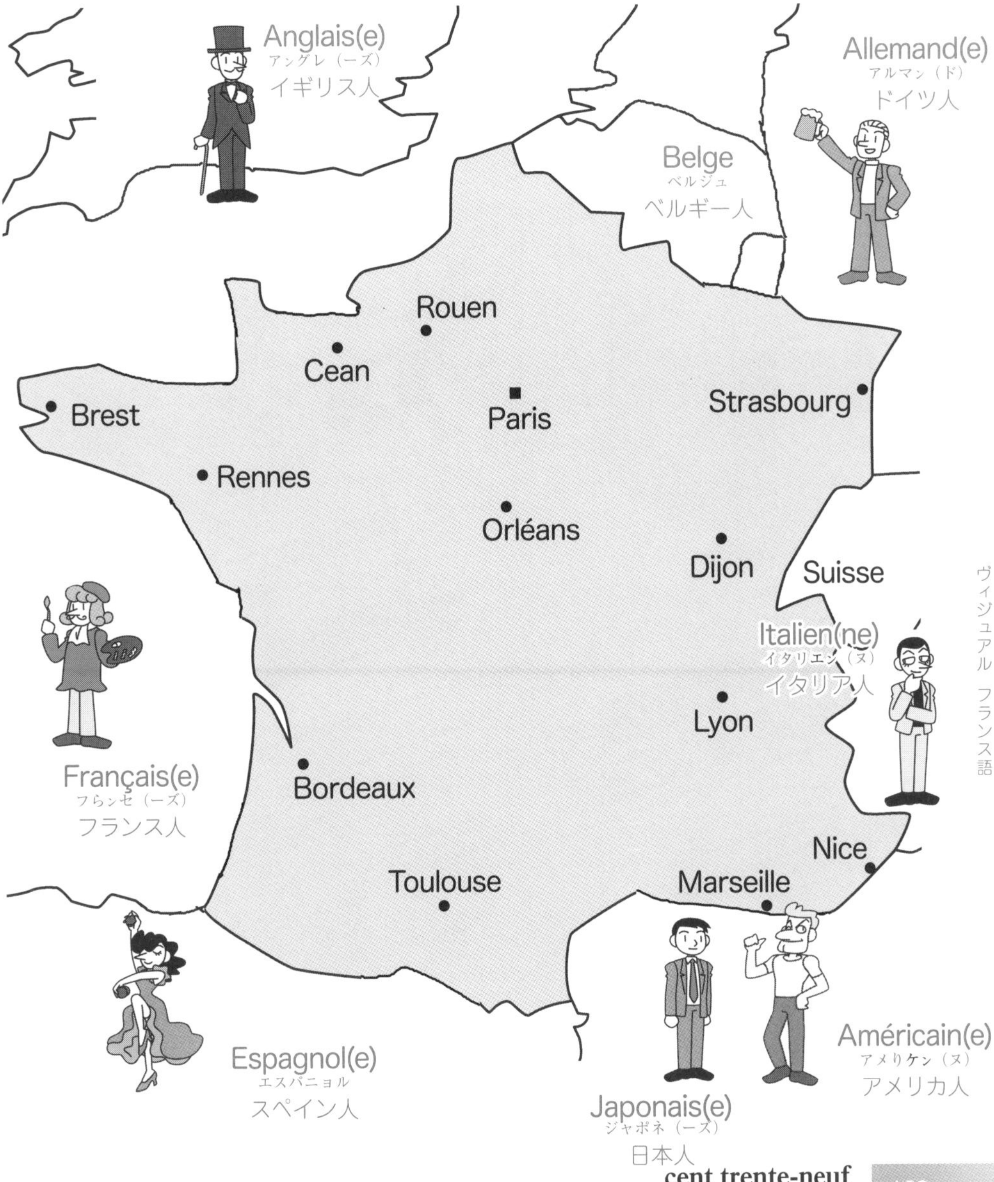

ヴィジュアルフランス語
—2—

l'aéroport《ラエろポーる》, les《レ》 transports《トらンスポーる》

空港，交通機関

l'avion《ラヴィヨン》
飛行機

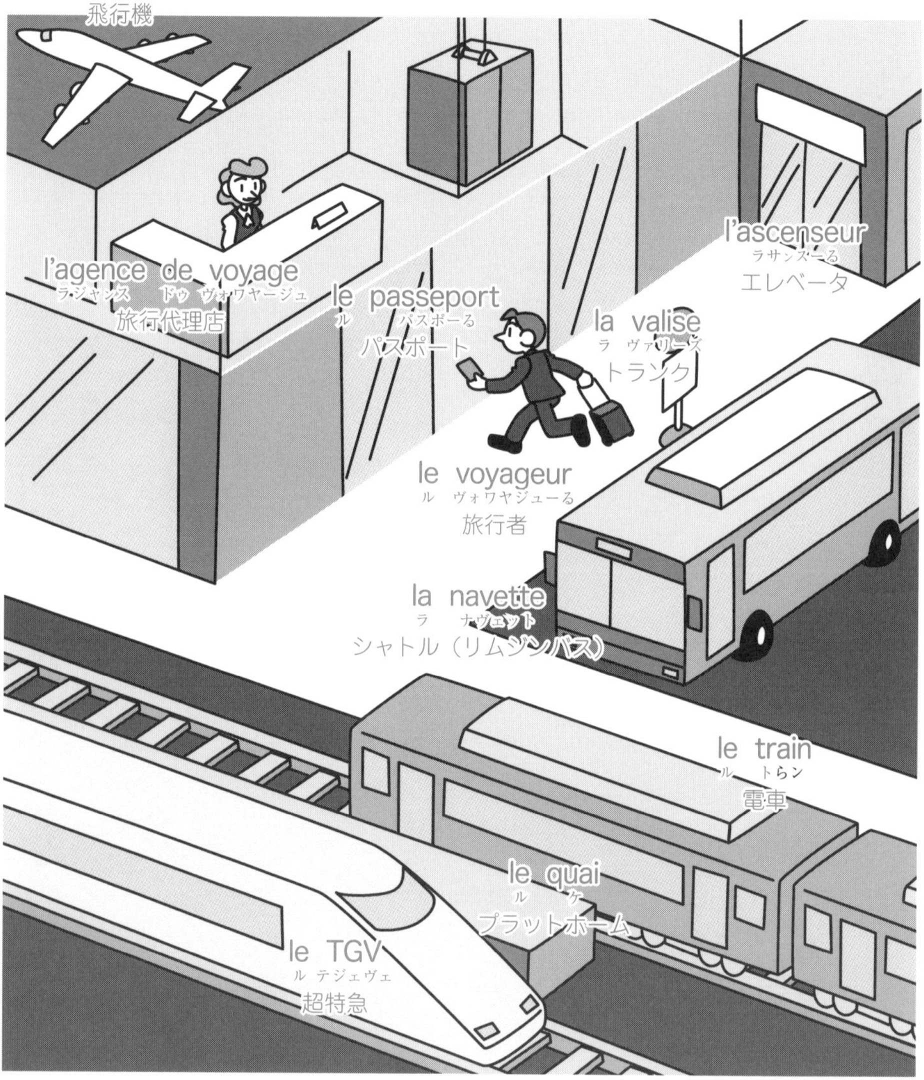

DÉPART《デパーる》
出発

ARRIVÉE《アりヴェ》
到着

la《ラ》 douane《ドゥアヌ》
税関

La《ラ》 ville《ヴィル》

町

l'autobus《ロトビュス》
バス

la《ラ》 boulangerie《ブランジュり》
パン屋

la《ラ》 pharmacie《ファるマスィ》
薬局

le《ル》 café《キャフェ》
喫茶店，カフェ

la《ラ》 banque《バンク》
銀行

la《ラ》 boucherie《ブシュり》
肉屋

le《ル》 supermarché《スュペるマるシェ》
スーパー

le《ル》 kiosque《キヨスク》
キオスク・売店

ヴィジュアル
フランス語
—4—

Au《オ》 restaurant《れストらン》

レストランで

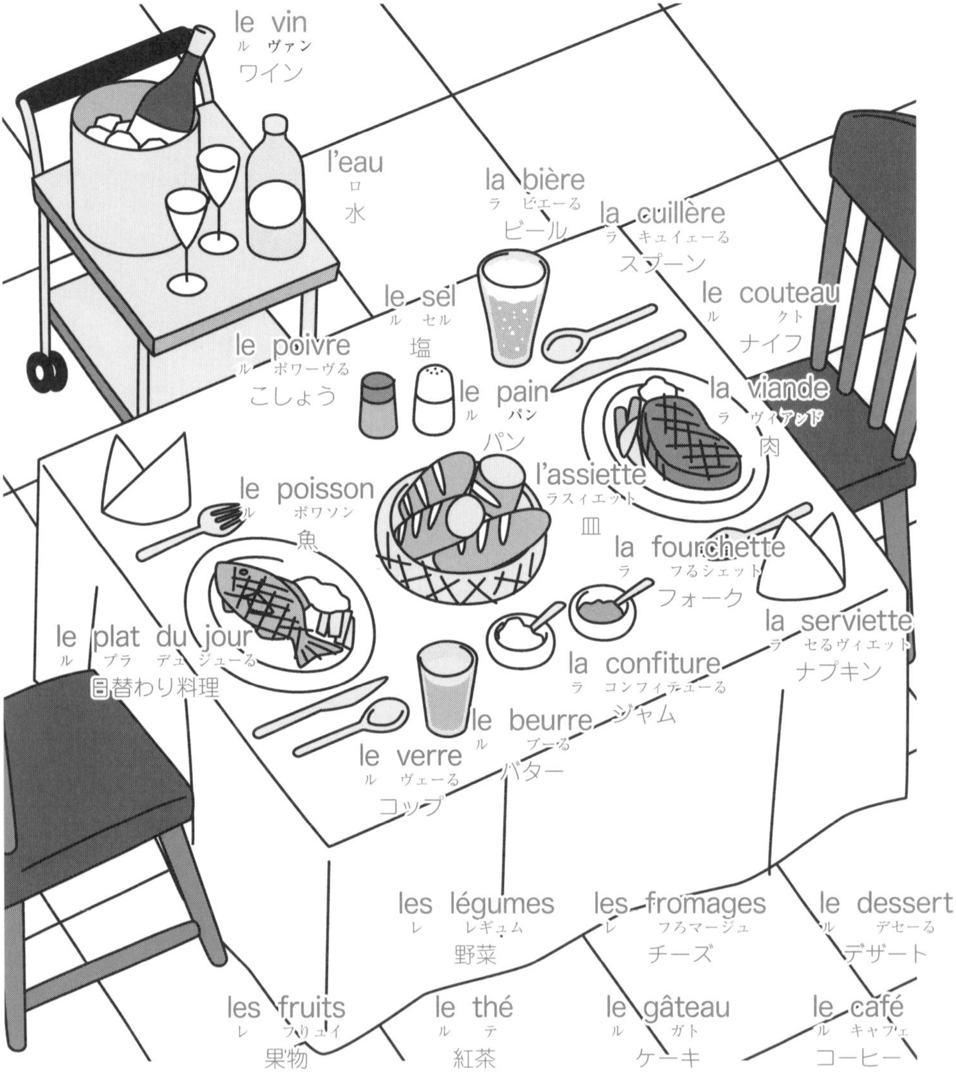

le《ル》 jus《ジュ》 d'orange《ドらンジュ》
オレンジジュース

la《ラ》 glace《グラス》
アイスクリーム

le《ル》 sucre《スュクる》
砂糖

Les achats《レザシヤ》

買い物

l'argent《ラるジャン》
お金

la《ラ》 monnaie《モネ》
小銭，つり

le《ル》 change《シャンジュ》
両替

TTC《テテセ》
税込み

TVA《テヴェア》
付加価値税

ヴィジュアルフランス語
—6—

les《レ》 vêtements《ヴェトマン》

洋服

La《ラ》 maison《メゾン》

家

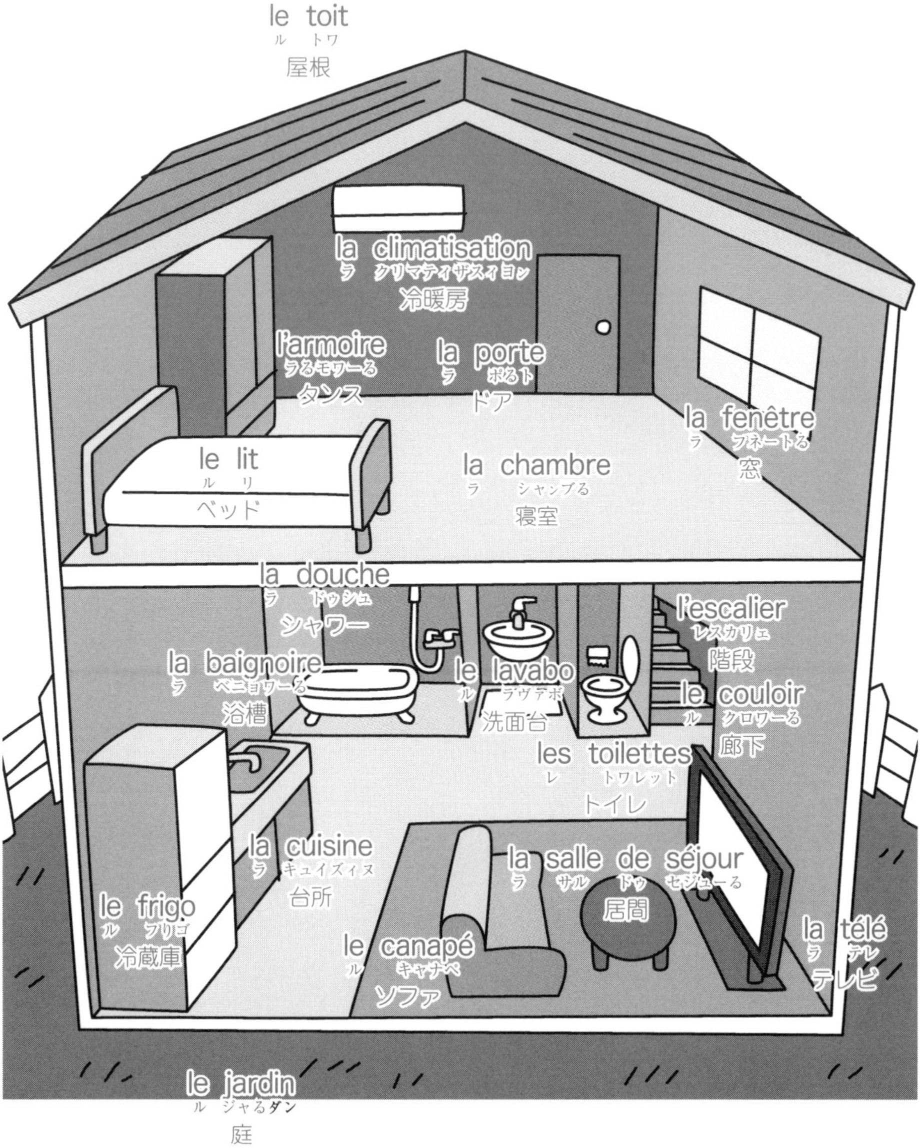

ヴィジュアルフランス語
—8—

le《ル》 bureau《ビュろ》

書斎

INDEX

数字は Dialogue を示す

男 男性名詞　女 女性名詞
動 動詞　副 副詞
人代 人称代名詞　関代 関係代名詞
疑形 疑問形容詞　疑代 疑問代名詞
疑副 疑問副詞　数 数詞
形 形容詞　前 前置詞
冠 冠詞　間 間投詞
指形 指示形容詞　指代 指示代名詞
接 接続詞　単 単数
複 複数

A

B

boulangère [女]	（女性の）パン屋	1
bouteille [女]	瓶	8
buffet [男]	ビュッフェ	4

C

ça [指代]	それ	1, 4, 6, 7, 9, 13, 20
cadeau [男]	贈り物	10
café [男]	カフェ	8
carte [女]	葉書，カード	9
cartes postales [女][複]	葉書	9
ce [指形][男][単]	この，その	7, 12, 13
Ce n'est rien.	何でもありません	10
celui-là [指代][男][単]	それ	13
centimes [男][複]	サンチーム	9
ces [指形][男][女][複]	この，その	10
c'est	これは〜です	4, 9, 10, 19
C'est ça.	そうです	4, 9
cette [指形][女][単]	この，その	15, 16
chambre [女]	部屋	15
chercher [動]	← je cherche 私はさがす	4
chercher [動]	← vous cherchez あなたはさがす	4
chez [前]	〜で	14
chocolat [男]	チョコレート	1
choses à faire [女][複]	用事	20
cinq [数]	5	4, 14
clé [女]	鍵（clef とも綴る）	15
combien [疑副]	いくつの，いくらの	1, 9, 19
comme [接]	〜として	7, 8
comment [疑副]	どのように	8, 11
commercial [男]	営業マン	14
comprendre [動]	← je comprends 私は分かる	11
comprendre [動]	← vous comprenez あなたは分かる	11
continuer [動]	← vous continuez あなたは続ける	17
corriger [動]	訂正する	11
couloir [男]	廊下	15
courses [女][複]	買い物	20
croire [動]	← je crois 私は思う	18

D

D'accord.	了解	19
dame [女]	婦人	2, 4
dans [前]	の中に	14
de [前]	〜の → Dialogue13（文）	2, 8, 9, 12, 13, 14, 18, 19, 20
De rien.	どういたしまして	2
demain [副]	明日	12
demander [動]	頼む	11
depuis [前]	〜以来	5
déranger [動]	邪魔する	20
des [冠][男][女][複]	（不定冠詞）	1, 9, 20
deux [数]	2	1, 19
deuxième [数]	第二の	2
devant [前]	〜の前で	6
devoir [動]	← je dois *inf.* 私は〜しなければならない	20
digestif [男]	食後酒	8
dire [動]	← ça dirait de + *inf.* 〜はどうですか	7, 20
dire [動]	← on dit 〜と言われる	11
Dommage.	残念だ	17
droite [女]	右側	2
du [冠][男][単]	（部分冠詞） → Dialogue12（文）	12,15

E

écrire [動]	← j'écris 私は手紙を書く	11
elle [人代][女][単]	彼女，それ（単数形の女性名詞を受ける）	16
elles [人代][女][複]	彼女たち，それら（複数形の女性名詞を受ける）	10
employé [男]	従業員	9, 14
en [前]	〜で，〜に	11, 14, 16, 19

F

G

H

I

J

L

Q

R

S

T

U

V

W

状況表現

（フ）＝覚えるフレーズ，（解）＝本文解説，（い）＝いろいろな表現，（文）＝文法編
数字は Dialogue，（フ）はページ数

あ行

か行

さ行

た行

な行

は行

ま行

や行

わ行

文法項目

（フ）＝覚えるフレーズ，（解）＝本文解説，
（い）＝いろいろな表現，（文）＝文法編，
数字は Dialogue，（フ）はページ数

冠詞類

名詞・形容詞

人称代名詞

関係代名詞・疑問詞

前置詞

動　詞

副　詞

文の種類

著者略歴

川口裕司（かわぐち ゆうじ）

1981 年東京外国語大学卒業（フランス語専攻）。東京外国語大学大学院修士課程修了（フランス語学）。ランス大学博士（言語科学）。東京外国語大学名誉教授。

クリスティアン・ブティエ（Christian Bouthier）

1988 年国立東洋言語文化学院（INALCO）卒業（日本学専攻）。国立東洋言語文化学院大学院修士課程修了（日本学）。現在、聖徳大学准教授。

川口恵子（かわぐち けいこ）

1980 年東京外国語大学卒業（英米語専攻）。パリ第三大学大学院修士課程修了（英米映画事情）。東京大学大学院博士課程修了（比較文学）。2019 年逝去。

新装版《しんそうばん》

ゼロから話《はな》せるフランス語《ご》

2024 年 4 月 20 日　第 1 刷発行

著　者　川口裕司　クリスティアン・ブティエ　川口恵子

発行者　前田俊秀

発行所　株式会社三修社

〒 150-0001　東京都渋谷区神宮前 2-2-22
TEL 03-3405-4511　FAX 03-3405-4522
振替 00190-9-72758
https://www.sanshusha.co.jp
編集担当　菊池　暁

印刷製本　倉敷印刷株式会社

ISBN978-4-384-06091-1 C0085

音声制作　株式会社メディアスタイリスト
カバーデザイン　山内宏一郎（SAIWAI design）
カバー写真　tabiphoto/PIXTA
本文イラスト　キモトケンジ

本書は『CD 付 ゼロから話せるフランス語 改訂版』（2007 年 11 月刊行）の新装版です。